글로벌 거버넌스 2025

중대한 기로

이 도서의 국립중앙도서관 출판시도서목록(CIP)은 e-CIP홈페이지(www.nl.go.kr/ecip)에서 이용하실 수 있습니다. (CIP제어번호: CIP2011003397)

글로벌 거버넌스 2025

중대한 기로

미국 국가정보위원회(NIC) · EU 안보문제연구소(EUISS) | 박동철 · 박행웅 옮김

GLOBAL GOVERNANCE 2025 | At a Critical Juncture

한울

이 책은 미국 국가정보위원회(NIC)와 유럽연합 안보문제연구소(EUISS)가 공동 프로젝트를 통해 2010년 9월 작성한 보고서 「글로벌 거버넌스 2025: 중대한 기로(Global Governance 2025: At a Critical Juncture)」를 완역한 것이다.

NIC는 미국 정보공동체 수장인 국가정보장(DNI) 산하 자문기관으로서 각 분야별·지역별 전문가인 국가정보관(NIO) 10명으로 구성되어 있으며, 중장기 전략 구상 및 정보 판단이 주된 임무다. 한편 EUISS(2002년 1월 1일 출범, 프랑스 파리 소재)는 EU의 공동외교안보정책을 연구하는 EU기관으로서 EU집행위의 공동외교안보정책 담당 고위대표(외무장관격)에게 분석 보고서를 제출한다. 그러나 EUISS는 완전한 연구의 자유를 즐기면서 독립적으로 활동하는 싱크탱크다.

그동안 NIC는 「글로벌 트렌드 2010」(1997년 11월)부터 시작해 5년 주기로 장기 미래예측 보고서를 작성, 대외적으로 공개해왔으며 2008년 11월에는 「글로벌 트렌드 2025: 변모된 세계」(2009년 2월, 한울)를 내

놓은 바 있다. 이번에는 처음으로 외국기관과 공동으로 작업해 「글로벌 거버넌스 2025」를 발표했다. 「글로벌 트렌드」 시리즈가 세계를 변모시키는 주된 요인과 추세를 식별하는 데 주안점을 둔 반면, 역시 5년 주기로 후속 시리즈가 이어질 것으로 기대되는 「글로벌 거버넌스」는 세계의 질서를 유지·운영하는 틀, 특히 국제체제의 장기적 변화를 네 개의 가상 시나리오를 통해 전망했다.

NIC는 이러한 프로젝트를 추진하는 과정에서 세계 주요국을 순회하면서 각국 싱크탱크·석학들과 토론을 통해 자료를 수집하고, 보고서를 발간한 후에는 피드백을 받기 위해 다시 순회 여행을 한다. 이 프로젝트를 기획·조정하고 보고서 초안을 집필한 버로스(Mathew Burrows) 박사는 미래예측 분야에서 탁월한 재능을 보이는 인물이다. 그는 CIA 선임 분석관 출신으로서 현재 NIC에서 카운슬러와 분석·생산실장을 겸하고 있다.

지정학적으로 4강에 둘러싸인 한반도와 우리나라는 장기적으로 글로벌 거버넌스의 틀이 어떻게 짜이느냐에 따라 남북통일 등 장래 운명에 영향을 받을 것이다. 특히 이 책은 글로벌 거버넌스의 중요한 요소로서 주요 20개국 그룹(G-20)을 언급하고 있다. 우리는 G-20 의장국으로서 지난해 11월 서울 정상회의를 성공적으로 개최한 바 있으며, 앞으로 글로벌 거버넌스에 일익을 담당할 위치로 올라섰다.

핑거(Thomas Fingar) 전 NIC 의장은 「글로벌 트렌드 2025: 변모된 세계」 한국어판 서문(미공개)에서 "동북아시아는 거의 모든 미래세계 과제와 관련, 그 해결 여하에 중요한 이해관계가 걸려 있으며 영향을 받을 것이다. 이러한 과제를 한국과 기타 역내 국가의 시민·정부기관의 적극적이고 폭넓은 참여 없이 어떻게 성공적으로 다룰 수 있을지 정말 상상하기 어렵다"고 언급했다. 우리 정보기관이나 싱크탱크도 미래세계를 예측하는 프로젝트에 적극적인 관심을 기울이고 참여할 필요가 있다고 본다.

아무쪼록 人不遠慮 難成業(인불원려 난성업: 사람이 멀리 보지 아니하면 사업이나 학업을 이루기 어렵다)이라는 옛 현인의 말씀을 빌려 이 책이 미래세계에 관심 있는 독자들, 특히 정부와 학계 종사자들에게 도움이 되기를 기대한다.

2011년 8월

옮긴이

미국 국가정보위원회(NIC)와 유럽연합 안보문제연구소(EUISS)가 글로벌 거버넌스 틀에 관한 이 장기전망 보고서를 작성하기 위해 힘을 합쳤다. 이 사업은 양 기관이 미래 국제체제를 형성하는 핵심 요인을 식별하는 데 쌓은 경험을 기반으로 한다. NIC는 1990년대 중반 이후 대표작인 글로벌 트렌드 보고서를 네 차례 작성했다. 2008년 말 발간된 최신판 **글로벌 트렌드 2025: 변모된 세계**는 무질서가 증가하고 거버넌스 구조는 약화됨으로써 그 간극이 더욱 벌어지는 등 중대한 변화가 예상된다고 지적했다. 2006년 EUISS는 국제체제 진화에 영향을 미치는 요인에 관한 EU 차원의 첫 보고서로서 **새로운 글로벌 퍼즐, 2025년 EU가 맞이할 세계**를 발표했다. 이 보고서는 다극체제 등장과 함께 권력의 새로운 분포에 부합하는 새로운 규칙과 제도를 만드는 것이 국제 평화와 안정을 유지하는 데 긴요할 것이라고 강조했다.

미국과 EU는 국제 의제에 오른 모든 이슈에 대해 항상 의견을 같이하지는 않지만, 세계 어디에서도 유례를 찾을 수 없을 만큼 서로 근본적

가치와 전략적 이익을 공유한다. 종래 세계적 도전과제를 효과적으로 관리하는 데는 대서양 양편의 합의만으로 충분했으나 이제는 그것으로 부족하며 국제공동체, 특히 다른 핵심 국가들과 동반자관계를 통해 거버넌스 간극을 메우고 다자주의를 강화하는 노력을 경신해야 할 것이다. 이 새로운 도전과제에 대처하기 위해 세계적·지역적·양자적 제도와 틀을 강구하는 국제적인 중요 논의에 이 보고서가 비공식적으로 기여한다. 이 보고서의 의도는 개별 제도의 성과를 평가하는 완벽한 방안을 제공하는 것이 아니다. 이 보고서는 정책 관점을 취하지 않지만 세계적 도전과제에는 세계적 해법이 필요하다는 강한 신념을 견지한다. 실례로 미국과 EU는 최근의 금융위기와 같은 세계문제를 해결하기 위해 다자주의 접근방법을 취한다.

이 보고서는 다자주의 노력을 필요로 하는 다양한 도전과제를 모두 검토하기보다 여러 가지 중요한 거버넌스 간극을 조명하려고 한다. 따라서 우리는 확산 또는 사이버안보가 크게 주목받고 있다고 보지만 그 문제를 깊이 파고들지는 않는다. 그 대신 국내 갈등, 자원 관리, 이주, 바이오기술 등과 같은 이슈에 초점을 맞춘다. 이러한 이슈가 현재 진행되는 도전과제라고 인식하는 사람들이 많지만, 우리는 이러한 이슈가 국제질서의 힘에 미치는 장기적 영향이 충분히 평가되지 않았다고 믿는다.

글로벌 거버넌스 2025는 폭넓은 협의 과정을 거쳐서 나왔는데, 정부관리 외에 기업, 학계, 비정부기구(NGO), 싱크탱크 등의 지도자들과 광범위하게 협의하고, 특히 브라질, 중국, 인도, 일본, 러시아, 남아프리카공화국(남아공), 걸프 지역(아랍에미리트: UAE) 등 각국 언론계 대표자들과도 협의함으로써 내실을 기했다. 우리는 본문 속에 다양한 논평과 통찰을 포함시켰는데, 이는 토론 내용이 풍부했을 뿐 아니라 글로벌 거버넌스의 개혁에 관해 상이한 이해관계와 관점을 절충하기가 어려웠다는 증거이다. 전문가 다수가 이 프로젝트의 성공과 이 보고서의 품질을 높이는 데 기여했다. 미국 대서양위원회(Atlantic Council: 워싱턴 D.C.에 소재한 싱크탱크 — 옮긴이)와 범대서양 정책 네트워크(Transatlantic Policy Network: 미국과 EU 간 정책협의체 — 옮긴이)가 파트너로서 이 프로젝트를 지원했다. NIC의 매슈 버로스(Mathew Burrows) 카운슬러와 EUISS의 지오바니 그레비(Giovanni Grevi)가 모든 협의과정을 조정하고 보고서 초안 작성을 맡았다. 이 두 사람은 합동 분석을 수행하고 견해를 대체로 일치시키는 데 탁월한 협력 본보기를 보였다.

글로벌 거버넌스 2025 프로젝트는 여러모로 혁신적이다. 이것은 NIC가 미국 밖의 기관과 공동으로 공개 보고서를 개발·작성한 최초의 사례다. 글로벌 거버넌스 2025는 앞으로 공동 관심사에 관한 다른 합동 프로젝트를 내다보는 중요한 첫 걸음이다.

감사의 말

NIC와 EUISS는 이 보고서를 준비하는 과정에서 5대륙에 걸쳐 있는 여러 싱크탱크, 컨설팅 회사, 학술기관, 정부연구소, 그리고 전문가 수십 명의 중요한 도움을 헤아릴 수 없이 받았다. 우리는 먼저 이 프로젝트를 지원한 두 파트너, 미국 대서양위원회(ACUS)와 범대서양 정책 네트워크(TPN) 측에 감사드린다. ACUS에서 개릿(Banning Garrett) 박사가 수많은 해외 모임을 탁월하게 주선하고 켐피(Frederick Kempe) 총재와 버웰(Fran Burwell) 부총재도 여러 모임의 기획과 토론에 참여했다. 유럽의회 의원인 엘스(James Elles) TPN 의장은 프로젝트 설계를 돕고 여러 나라 수도에서 개최된 핵심 토론을 조율하는 데 중심적인 역할을 했다. 그는 우리의 출장에 거의 모두 동반했다. 미국 국무부 정책기획실의 버크화이트(William Burke-White) 박사는 우리의 모든 출장에 동반했을 뿐 아니라 지침과 실질적인 조언을 제공했다. 유럽의회 외무위원회의 오페이식(Rosemary Opacic) 행정관도 대부분의 연구출장에 참가해 중요한 공헌을 했다.

　다음과 같은 각국 연구소가 우리를 위해 대규모 세미나를 주최하고 대개 국내·역내 다른 전문가들을 같은 세미나에 초청했는바, 수고한 각 연구소의 임직원에게 감사드린다.

- 베이징: 중국 현대국제관계연구소(CICIR)
- 도쿄: 일본 국제문제연구소(JIIA)
- 두바이: 두바이 자문조사·미디어센터
- 인도: 옵서버연구재단(ORF)
- 프리토리아(남아프리카공화국): 안보학연구소
- 브라질리아: 전략문제사무국(SAE)
- 상파울루(브라질): 카르도주 연구소
- 모스크바: 세계경제·국제관계연구소(IMEMO)

　실패국가, 물·식량 같은 자원문제, 이주, 혁신적 바이오기술 등에 관해서는 뉴욕대학교 국제협력센터의 존스(Bruce Jones), 스티븐(David Steven) 및 에번스(Alex Evans)가 포괄적이고 중요한 자료를 제공했음을 특별히 언급한다. 북극에 대한 부록은 세계경제포럼에서 글로벌 위험 프로그램을 이끌었고 지금은 독립적 고문으로 활동하는 에머슨(Charles Emmerson)이 집필했다. PFC에너지 컨설팅회사의 푸트(Alexander van de Putte) 박사는 에너지의 미래에 관한 자료를 제공했다. NIC 내에서는 애런스(Elizabeth Arens)가 필수적인 편집 작업을 도왔다.

차례

요약 *Executive Summary*

글로벌 거버넌스 — 국제적 차원의 공동 문제에 대한 집단 관리 — 가 중대한 기로에 있다. 글로벌 거버넌스 제도는 제2차 세계대전 이후의 발전어 힘입어 많은 성공을 거두었으나, 국제 의제상의 이슈가 수적 증가 및 복잡성 면에서 국제기구와 각국 정부의 대처 능력을 능가하고 있다.

급속한 세계화의 출현과 더불어 종래의 국지적 위협이 더는 국지적으로 억제될 수 없으며 이제는 세계 안보와 안정을 잠재적으로 위협할 만큼 국제체제에 대한 위험이 증가했다. 21세기에 들어 기후변화, 에너지 안보, 식량과 물 부족, 국제 이주 흐름, 신기술 등 새로운 세대의 세계적 도전뿐 아니라 인종 갈등, 전염병, 테러리즘 등과 같은 위협이 점차 무대의 중심을 차지하고 있다.

급속한 세계화의 세 가지 효과로 인해 더욱 효과적인 글로벌 거버넌스에 대한 수요가 커지고 있다. **상호의존성**이 오랫동안 경제적 세계화의 한 특징이었지만 중국, 인도, 브라질 및 기타 급성장 국가의 부상은 경제적 상호의존성을 새로운 차원으로 올려놓았다. 기후변화와 자원 이슈, 경제 위기, 국가 취약성 등이 복합적으로 연계된 것은 미래 위험의 '중핵'으로서 오늘날 국제적으로 논의되는 도전과제들이 **상호 연결된** 성격임을 분명히 보여준다. 위에 언급한 이슈 중에는 **국내외의 도전과제**가 서로 얽혀 있는 것이 많다. 국내정치가 국제협력에 심한 제약을 가하고 타협의 여지를 축소시킨다.

다극세계로의 이동에 따라 향후 10년간 효과적인 글로벌 거버넌스에 대한 전망이 복잡해진다. 신흥 강국들은 경제력 팽창에 힘입어 정치적 영향력을 대외적으로 확대하고 있다. 기존 강대국들이 가지고 있던 권력이 신흥국가와 어느 정도의 개발도상 세계로 이동할 뿐 아니라 비국가행위자로도 이동하고 있다. 서방의 개념이라고 여겨지는 글로벌 거버넌스에 대한 다양한 시각과 의심으로 인해 늘어나는 도전과제를 효과적으로 제어하는 데 어려움이 가중될 것이다.

- **브라질** 사람들은 선진국에서 개도국으로 권력이 재분배될 필요가 있다고 느낀다. 우리가 상담한 일부 전문가들은 브라질이 국가 중심의 다자주의를 선호하는 경향이 있다고 보았다.
- 우리와 대화한 많은 **중국**인들은 세계적 도전과제가 증가하고 국제체제에 근본적 결함이 있다는 것을 알지만 중국이 내부 문제를 처리해야 할 필요성을 강조한다. 중국인들은 최근 수립된 다양한 제도와 그룹을 모두 아우르는 '더 큰 구조'를 구상한다. 그들은 주요 20개국 그룹(G-20)을 일보 전진이라고 보지만 남북 격차가 경제 이외의 이슈에 관한 협력을 방해할 것인지 여부를 문제 삼는다.
- **걸프 지역** 참가자들은 세계의 제도 중 어떤 종류가 권력 분점을 포괄적으로 가장 잘 할 수 있는지를 문제 삼았다. 그들은 강력한 지역

기구의 부재를 개탄했다.

- 인도인들은 기존 국제기구가 '총체적으로 무능'하다고 생각하고 '아시아에서 안정을 보장할 내부 균형의 부재'를 우려했다. 그들은 중국의 역내 역할이 우세하다는 점을 감안할 때, 인도가 지역 제도를 발전시키는 데 기여하기가 어색하다고 느꼈다.

- 우리가 상담한 러시아의 전문가들은 2025년의 세계가 여전히 강대국들의 세계이나 초국가적 협력의 기회가 더 많을 것이라고 본다. 러시아인들은 '범태평양 안보'의 상대적 부재를 우려했다. 미국, 유럽, 러시아는 서로 훨씬 더 가까워질 소지가 많지만 '최대 경제'를 가진 중국이 세계를 변화시키는 주된 요인이 될 것이다.

- 남아프리카공화국(남아공) 사람들은 세계화가 단일한 세계적 정체(政體)를 창설하기보다 오히려 지역화를 강화하는 것 같다고 평가했다. 그들은 세계화의 경쟁에서 승자보다 패자의 수가 점점 많아질 것이라고 우려했다.

다극세계로 변화함과 동시에, 권력이 비국가행위자 — 협력의 촉진자든 방해자든 — 로 이동을 하고 있다. 긍정적인 관점에서 초국가적 비정부기구(NGO), 시민사회단체, 교회와 신앙기반 조직, 다국적기업과 같은 기업체, 이익집단 등은 이슈를 재구성하고 대중을 동원하는 일에 국가보다 더 효과적이지는 않더라도 똑같이 효과적이었으며, 우리는 이러한 추세가 계속될 것으로 기대한다. 그러나 범죄조직과 테러리스트 망과 같은 적대적 비국가행위자는 모두 신구 기술에 힘입어 심각한 안보 위험을 제기하고 체제 위험을 악화시킬 수 있다. 앞으로 지역 및 세계에서 더 큰 역할을 하게 될 많은 개도국에서 비국가행위자는 상대적으로 부족하다. 비국가행위자는 점증하는 초국가적 도전에 신흥국가와 정부가 대처하는 데 도움을 준다.

글로벌 거버넌스 제도는 새로 등장하는 이슈에 어느 정도 적응을 해왔으나 그 적응이 커지는 수요를 따라잡을 만큼 충분히 의도적이거나 탄탄한 것만은 아니었다. 오히려 적응은 제도 자체적으로 추진된 것 못지않게 외부 힘의 자극을 받아 이루어졌다.

주요 20개국 그룹(G-20)처럼 비공식적인 선도국가 그룹의 등장, 동아시아에서 뚜렷한 지역협력의 발전 전망, 국제협력에 대한 비국가행위자의 대폭적 기여 ─ 매우 유용하지만 ─ 등이 규칙 기반의 포괄적 다자제도에 대한 항구적 대안이 될 것 같지는 않다. 다자제도가 공급하는 공공재는 정상회의, 비국가행위자 및 지역협력 틀이 전혀 공급할 수 없거나 안정적으로 공급할 수 없는 것들이다. 우리와 대화한 외국인들은 보편적 정당성을 지닌 의사결정, 상호주의를 기반으로 예측할 수 있는 행동유형을 설정하는 규범, 통상 문제와 같이 분쟁을 해결하고 불법행위를 시정하기 위해 상호 합의한 문서 등이 필요하다고 역설했다.

우리가 평가하기로는 복수의 다양한 거버넌스 틀이 아무리 신축적이더라도 광범위한 제도적 개혁과 혁신 없이는 다가오는 초국가적이고 세계적인 수많은 도전에 대처하기 어려울 것이다. 앞으로 수십 년간 세계질서가 직면할 문제의 유형에 따라 현행 제도의 역량을 신장시키는 정비작업이 이루어질 것이다.

많은 저소득 개도국에서, 특히 내전이 완전 해소되지 않은 경우 국가취약성이 증가하고 분쟁이 확대될 가능성이 있음을 시사하는 연구가 무수하다. 에티오피아, 방글라데시, 파키스탄, 나이지리아 등과 같은 규모의 인구대국이 붕괴하거나 내부분쟁이 발생할 경우, 이는 국제적 분쟁

관리 활동을 압도할 것이다. 인구 약 2,800만의 아프가니스탄과 3,000만의 이라크는 지금까지 시도된 분쟁관리 사례 가운데 가장 인구가 많은 편에 속하며, 분쟁관리의 어려움이 드러나고 있다.

인도주의 및 평화유지 지원을 필요로 하는 취약국가에 대응해 지역기구가 대규모 작전을 수행한 사례는 비교적 적다. 신흥 강국들이 정치적·경제적 관여를 늘릴 것이라고 기대할 수는 있지만 — 이는 부분적으로 그들의 세계 이익 증대를 반영함 — 그들은 국가 취약성에 대한 사전 예방적 관리의 결과에 관해 뿌리 깊은 우려를 가지고 있다.

예를 들어 예방에는 흔히 직접적인 정치 개입이, 또는 최후수단으로서 군사력 위협이나 사용까지 필요하다. 분쟁 예방 활동에서는 직접 개입을 타국의 주권 침해 가능성이 있다고 하여 꺼리거나 주저하기 때문에 지체된 경우가 잦았다. 신흥국가 내 많은 전문가들은 자국 정부가 어떠한 개입이라도 '서방'이 추진하는 것이라면 특별히 꺼림칙하게 여길 것이라고 생각했다.

에너지, 식량, 물 등 자원 관리 문제는 특히 대대적인 거버넌스 혁신 없이는 효과적으로 대처할 수 없을 것 같다. 개별 국제기관은 구체적 사례, 특히 개별 국가의 인도주의 비상사태에 대응한다. 그러나 상호 연관된 식량·물·에너지 문제를 관리할 종합적 틀이 없다. 자원 부족의 심화가 기치는 영향이 열린 국제체제를 저해할 수 있다는 점에 비추어 볼 때 중대한 위기이다. 주요 강대국들이 공급을 안정적으로 확보하고자 벌이는 자원 경쟁이 다른 분야에서 협력을 좌초시킬 수 있을 것이다. 게다가 자원 부족으로 빈곤국들이 가장 큰 타격을 받아 최악의 경우에는 국내 또는 국가 간 분쟁이 일어나고 지역 불안정으로 비화될 것이다.

그 밖에 이주, 북극 개통 가능성, 바이오기술 혁명과 관련된 위험 등

가시화되고 있는 이슈들은 그 중요성이 커지고 더욱 높은 수준의 협력을 요할 것이다. 이러한 이슈에는 좀 더 예방적인 조치가 필요하기 때문에 다자협력이 어렵다. 현행 여건에서 위험이 명백하지 않은 그러한 이슈에 관해 협력을 확대하기는 유난히 어려울 것이다.

가능한 시나리오

우리는 본문 전체에 걸쳐 가상의 시나리오들을 제시했는데, 이 시나리오들은 복수의 다양한 거버넌스 틀이 다가오는 초국가적이고 세계적인 수많은 도전과제에 힘써 대처한다면 실현될 수 있으리라고 믿는다. 이들 시나리오는 앞으로 15년 동안 발생할 수 있는 여러 가지 순열을 분명히 보여준다. 국제체제가 새로운 도전에 대응해 그릴 수 있는 주요 궤적이 다음에 요약되어 있다. 우리는 글로벌 거버넌스 체제가 개혁되지 않을 경우, 위험이 장기적으로 누적될 것으로 본다. 위기가 압도적이지 않는 한, 그 위기는 실제로 체제상의 더 큰 혁신과 변화를 자극할 수 있다. 장기적으로 아무것도 하지 않는 것이 완전한 붕괴 위험을 증가시킨다.

시나리오 l : 명맥 유지

앞으로 수년간 개연성이 가장 높을 이 시나리오에서는 집단적 관리가 느리게 진전되더라도 국제체제를 위협할 정도로 압도적인 위기는 없을 것이다. 특별한 임시 틀에 의해 위기를 처리하거나, 위기의 가장 위협적인 측면을 회피하기 위한 제도가 강구된다. 공식 제도는 대체로 개혁되지 않고 유지되며, 개도국들이 국내 교란 예방에 주력함에 따라 서방국가들이 '글로벌 거버넌스'의 부담을 고스란히 짊어져야 할 것이다.

이러한 미래는 국제체제를 압도할 만큼 관리할 수 없는 위기가 없다는
것을 전제로 하기 때문에 장기적으로는 지속될 수 없다.

시나리오 II : 단편화

강력한 국가·지역은 외부 위협으로부터 자신을 차단하려고 한다. 아
시아는 경제적으로 자족적인 지역 질서를 수립한다. 글로벌 커뮤니케이
션에 힘입어 세계화가 계속되지만 그 속도는 상당히 둔화된다. 유럽은
생활수준 하락에 따른 팽배하는 국민의 불만을 불식시키는 데 정신이
없기 때문에 내향적으로 되어간다. 미국은 노동력 증가로 형편이 좀 나
을지 모르나 예산 적자와 장기국채 문제가 해소되지 않는다면 여전히
재정적 제약을 받을 것이다.

시나리오 III : 유럽 협조체제(Concert of Europe) 부활

이 시나리오에서는 국제체제에 대한 심각한 위협 — 다가오는 환경 재
앙이나 확산 위험이 있는 분쟁 등이 가능한 예 — 이 세계 문제를 해결하기
위한 더 큰 협력을 촉진한다. 국제체제를 상당히 개혁할 수 있게 되는
것이다. 이러한 시나리오는 중기적으로 앞의 두 시나리오에 비해 개연
성이 낮지만, 일련의 문제에 관한 전반적 협력 수준을 높이는 탄력적 국
제체제를 수립함으로써 장기적으로 가장 최선의 결과일 것이다. 미국이
점차 권력을 분점하는 한편 중국과 인도는 책임 분담을 늘리고 EU도 세
계적 역할을 확대한다. 또한 경제적 격차가 축소되고 일인당 소득이 수
렴함으로써 안정적인 협조체제가 장기간에 걸쳐 점진적으로 이루어질
수 있을 것이다.

시나리오 IV : 협력보다 분쟁이 지배하는 난장판

이 시나리오는 개연성이 가장 낮지만, 전혀 배제할 수는 없다. 국제체제는 특히 중국과 같은 신흥 강국에서 일어나는 국내 교란 때문에 위협을 받는다. '풍족한 생활(good life)'에 대한 중산층의 열망이 좌절됨에 따라 민족주의 압력이 증가한다. 자원과 고객을 확보하려는 경쟁이 치열해지면서 미국과 중국 간뿐 아니라 브라질, 러시아, 인도 및 중국(BRIC) 간에도 긴장이 증가한다. 중동에서의 핵무기 경쟁이 세계의 지속적 성장 전망에 미칠 타격도 마찬가지로 파괴적일 수 있다. 의심과 긴장으로 인해 세계 제도의 개혁이 불가능하게 되고, 특히 아시아에서 싹트는 지역협력 노력도 저해된다.

중대한 기로

글로벌 거버넌스 — 국제적 차원의 공동 문제에 대한 집단 관리 — 가 중대한 기로에 있다. 글로벌 거버넌스가 제2차 세계대전 이후 발전한 이래 비교적 성공을 거두었으나, 지금은 국제 의제상의 이슈가 수적 증가 및 복잡성 면에서 국제기구와 각국 정부의 대처 능력을 능가하고 있다. 권력의 이동 또한 글로벌 거버넌스를 복잡하게 만들고 있다.

> 상품, 사람 및 통신의 이동 속도가 전례 없이 증가했다. 이로 인해 20세기로부터 물려받은 국제용품이 불충분하게 되고 새로운 문제가 생겼다.
>
> — 인도 정부의 전직 고위관리

국제 제도·체제가 새로운 수요를 충족하고 새로운 틀은 아니라도 제2의 해결책을 만들려는 적응 노력이 약간의 성과를 거두었다. 그러나 그러한 노력이 충분할 것 같지 않다. 글로벌 거버넌스 구조와 과정이 국제 체제상 권력 균형의 변화를 쫓아가지 못하면 부적절하게 될 위험이 있다. 신흥 강국들이 현행 제도적 장치에 대해 의구심을 갖는 것은 그것이 기존 강국들에게 유리하게 보이기 때문이다. 유동적인 국제체제의 질서를 잡는 적절한 틀이 마련되지 않는다면 무질서가 지배하고 불안정이 확대될 것이다. 신구 도전의 혼재로 인해 집단적 문제해결, 즉 국제협력과 혁신적 접근의 확대에 대한 새로운 요청이 나온다. 리더십과 정치적 의지가 관건이 될 것이다.

> 이 보고서에서 사용되는 '글로벌 거버넌스'라는 용어는 국제 수준에서 집단적 행동과 문제해결에 기여하는 모든 제도, 체제, 과정, 동반자관계 및 네트워크를 포함한다. 이 정의는 초국가적인 무대에서 비국가행위자가 하는 역할뿐 아니라 공식적·비공식적 처리 방식을 모두 포함한다. 지역협력 또한 더 광범위한 활동에 기여하는 한, 글로벌 거버넌스의 한 요소로 간주될 수 있다. 거버넌스는 독립적 주권과 위계적 권위를 의미하는 정부와 다르다. 글로벌 거버넌스는 적어도 예측 가능한 미래 동안 사실상 불가능할 세계정부와 같은 것이 아니다.

20세기 말의 국제 제도

국제 평화와 안보를 유지하는 것이 제2차 세계대전 이후의 국제연합(UN) 체제를 설계한 사람들을 사로잡은 중심적 생각이었다. UN 안전보장이사회를 통해 당시의 주요 강대국이 모두 이 구상에 참여했으며, 이에 따라 내전 후의 평화협정을 감시하고 안정을 확보하기 위해 UN 평화유지활동이 계속 전개되고 있다. 금융·통화 안정을 유지하고 전후 경제부흥을 촉진하기 위해 브레턴우즈(Bretton Woods) 체제가 수립되었는데, 그 근간은 미국 달러화를 국제 교환·준비통화로 삼은 것이다. 이러한 양대 체제는 자체 문제점이 있었으나 냉전 이후 시대에 상당한 공헌을 이룩했다.

냉전 동안 두 초강대국이 이끈 수많은 소규모 대리전이 벌어지고 일부 잔혹한 분쟁도 발생했으나 1945년 UN 창설 이후 1, 2차 세계대전에 비견되는 대규모 분쟁은 없었다. 수백만 명이 여전히 분쟁의 영향을 받고 있으나 분쟁의 수는 감소했다. 핵전쟁과 핵무기 확산 위험에 직면한 핵보유국과 비핵국가들이 확산을 막기 위한 세계적 계약 ― 비확산조약 ― 을 체결했으며 미국과 러시아가 각각의 핵무기고와 무기체계를 제한하고 감축하기 위한 여러 가지 조약을 협상했다.

경제 분야에서는 관세 및 무역에 관한 일반협정(GATT)과 세계무역기구(WTO)하의 무역자유화에 힘입어 점진적 관세인하와 시장개방, 공동번영 제고, 보호무역주의에 따른 정치적 대결 예방 등 또 다른 형태의 세계적 공공재가 공급되었다.

장기적으로 협력 범위가 확대됨에 따라, 특히 세계화의 자극으로 상호작용이 증대됨에 따라 우리의 기대도 계속 커졌다. 특정한 문제에 치중하는 개별 기관들이 점차 글로벌 거버넌스의 특징이 되었다. 결과적으로 '통제의 범위', 조직의 '연통(stovepipe)' 구조 증가, '전략적 감독의 부재' 등의 문제가 체제의 효과성을 확보하기 위한 주요 도전과제로 점차 표면화되었다.

제1장

제도적 역량을 초과해 확장되는 의제들

급속한 세계화가 도래하면서 종래의 국지적 위협이 이제는 국지적으로 억제되지 못하고 세계 안보와 안정을 잠재적으로 위협할 만큼 국제 체제에 대한 위험이 증가했다. 21세기에 들어 기후변화, 에너지 안보, 식량과 물 부족, 국제 이주 흐름, 신기술 등 새로운 세대의 세계적 도전 과제뿐 아니라 인종 갈등, 전염병, 테러리즘 등과 같은 위협이 점차 무대의 중심을 차지하고 있다. 일부 신흥 이슈가 20여 년에 걸쳐 다자포럼에서 토론되었지만, 신흥 이슈는 세계화된 세상에서 교란이 더욱 확산될 잠재성 때문에 새삼 중요하게 되었다.

- 2000년대는 펜타곤과 뉴욕의 쌍둥이 타워에 대한 공격으로 시작되어 초국가적 테러리즘이 국제 의제의 전면에 등장했다. 비재래식 무기의 사용과 확산 위험이 새삼 절박해졌다. 평화 활동이 분쟁의 근본 원인과 씨름하기와 같은 확대된 임무를 포함하도록 발전했다.
- 기후변화는 환경 정치의 영역에 침입해 세계의 정치·경제·안보 논

의의 주제가 되고, 여러 영역에 걸친 다자협력의 새로운 초점이 되었다.

- 최근의 경제위기에서 갓 회복되는 과정은 침체된 서방국가 다수를 포함한 세계경제를 재가동시키는 데 개도국, 특히 중국이 중요함을 강조했다.
- 부분적으로 경제대국 중국과 인도의 부상 및 양국의 에너지와 기타 원자재에 대한 욕구 증대로 인해 에너지 정치와 기타 자원 이슈가 국제 문제에서 점차 현저한 지위를 차지하고 있다.
- 바이오기술과 나노기술은 예컨대 보건 부문에서 발전할 잠재력이 크며, 만일 범죄 목적으로 전용된다면 위험 가능성도 전례 없이 크다. 식량과 같은 자원 이슈 및 인구 고령화와 씨름하는 사회를 위해서는 유전자 변형이 중요한 돌파구를 마련할 수 있다고 하더라도 그것은 심각한 윤리 문제를 제기한다.

글로벌 거버넌스 수요를 추동하는 복합 위험

숙원 이슈뿐 아니라 신흥 이슈의 누적된 영향은 국제공동체가 직면하는 도전과제의 규모와 성격을 변모시키고 있다. 급속한 세계화의 세 가지 특징, 즉 상호의존성 심화, 문제의 상호 연결성 및 국내 정치와 국제 이슈의 혼합이 좀 더 효과적인 글로벌 거버넌스에 대한 수요를 추동하고 있다. 이와 동시에 급속한 기술진보는 NGO 같은 시민사회단체를 각성시켜 새로운 도전을 감행하고 협력 필요성을 느끼게 하며, 나아가 더 큰 역할을 할 수 있게 만든다.

내가 걱정하는 것은 세계가 더 혼돈해지고 미국의 역량이 약화되는 것이다.
세계 각국을 분열시키는 원심력이 있다…… 자원 제약이 전 세계에 미치는
영향은 엄청날 것이다…… 열차 전복이 바로 코앞에 있다…….

— 미국 싱크탱크 소속 참가자

상호의존성이 오랫동안 경제적 세계화의 한 특징이었지만 중국, 인도, 브라질 및 기타 급성장 국가의 부상은 경제적 상호의존성을 새로운 차원으로 올려놓았다. 선진국에서 신흥국가로 생산과 기업서비스 외주 및 신흥국가 간의 경제적 교환 증대로 인해 무역과 투자 형태가 현저히 다양해졌으며, 그 결과 가치 사슬(value chain)이 여러 나라와 여러 대륙에 걸치게 되었다. 신흥 강국, 특히 중국에 막대한 외환보유고가 쌓이는 만큼 대표적 적자 국가 미국의 채무는 풍선처럼 부풀었다. 신흥국가들이 자국 수출품에 대한 미국의 지출에 자금을 댄 것이다. 무엇보다도 그러한 구조적 불균형이 심각한 금융위기를 초래함으로써 개도국에 성장 둔화, 신용 경색, 민간지출 감소 등의 여파가 미쳤다. 경제대국 가운데 미국, 중국 및 EU의 통화·재정정책이 더욱 밀접하게 얽히게 되었다. 세계경제 회복을 지탱하기 위해서는 거시경제정책 조정이 긴요하다.

기후변화는 국제안보 이슈로서 위협 승수(乘數)다…… 핵심 도전은 기후
변화가 환경적으로 우리를 위협할 뿐 아니라 자원 갈등, 물 부족 및 식량 재
고 감소를 악화시킬 것이라는 데 있다.

— 유럽의회 행정관

기후변화, 경제 위기, 국가 취약성 등이 복합적으로 연계된 것은 미래

위험의 중핵으로서 오늘날 국제적으로 논의되는 도전과제가 **상호 연결된 성격**임을 분명히 보여준다. 그러한 문제들은 폭포효과를 내면서 서로를 촉발할 수 있는데, 가령 에너지 가격이 경제회복 전망에 미칠 잠재적 영향을 생각해보라. 여러 문제의 상호 연결성 때문에 새로운 도전과제가 생기고 전통적 도전과제도 복잡성이 가중되어 관리하기 더욱 어렵게 될 것이다.

- 에너지 수요 증대는 식량가격 상승으로 전환된다. 이와 동시에 기후변화는 빈곤국 다수의 농업생산을 위협하고, 이로 인해 인구가 팽창하는 이들 국가의 취약성이 가중된다.
- 기술발전과 지정학적 불안정으로 인해 선진사회의 초석인 전자·에너지 기반시설의 보호와 회복력 문제에 더욱 중점을 둘 필요가 있다.
- 에너지 공급 안보 및 수요에 관한 우려는 환경과 투자를 모두 저해하는 정책 선택으로 귀결될 수 있다. 국내 화석연료 자원에 대한 의존이나 해외 유전에 대한 장기적 접근으로 재생 에너지에 대한 투자 매력이 떨어지고 온실가스 배출이 더욱 증가한다. 가격 불확실성 때문에 자원탐사와 과도기 기반시설에 대한 투자가 억제되고, 이는 향후 10년간 공급 부족으로 이어질 가능성이 있다.

위에 언급한 이슈는 대부분 **국내외의 도전과제가** 서로 얽혀 있다. 예를 들어 금융위기의 뿌리는 대내외 요인을 모두 포함했다. 국가정책이 신용을 확대하는 경향을 띠고, 감독을 거의 받지 않는 민간채무가 급증한 것은 신흥국가 자본이 유입되어서 가능해진 것이다. 금융위기 이후 중국 등 신흥국가의 내수 진작 조치뿐 아니라 일부 선진국에서 공공부문의 적자·채무 팽창을 관리하는 것은 국내 정치적으로 결정되는 문제이나, 세계에 미치는 파장은 엄청나다.

기후변화는 국내·국제적으로 모두 우선 사항인 하나의 본보기 이슈다. 중국, 미국, EU 등 대량 탄소 배출국의 에너지·환경정책은 이들 국가가 지구대기권의 온실가스 축적에 과도하게 기여하고 있는 점과 다양한 기후변화 형태를 감안할 때, 국제공동체에 직접 영향을 미치며 특히 가장 취약한 국가에 미치는 영향은 대단히 심각하다.

국내정치는 국제협력에 심한 제약을 가하고 타협의 여지를 축소시킨다. 이것이 사실로 드러난 사례를 보면, 2009년 기후변화 관련 코펜하겐 정상회의에서 참가국 다수가 국내정치로 인해 탄소 배출 축소에 관한 자국의 입장에 제약을 받았다. 다른 예를 보면 중국은 주로 수출이 주도하는 국내 경제발전에 최우선 순위를 두기 때문에 미국·EU와의 무역불균형을 시정하기 위해 위안화 평가절상을 허용하려는 의지에 한계가 있다. 러시아 내 법치주의와 투자 보장에 관해 우려가 커지고 있는데다 러시아가 자국의 최대 에너지기업에 정치적 통제를 강화한 것이 EU와 러시아 간 에너지·경제 동반자관계의 강화를 저해하고 있다.

> 새로운 형태의 글로벌 거버넌스에 참여하는 데 대부분의 국가가 직면할 중실적 도전과제는 어떻게 국제정치에서 국가를 대체하느냐가 아니라 어떻게 국가가 규제 역할을 회복하느냐다.
>
> — 남아프리카공화국 싱크탱크 소속 참가자

앞으로 수년간 선진국에서 인구가 고령화되는 동시에 경제성장이 둔화될 것이라는 전망에 비추어 볼 때 대중의 관심이 점차 내향적으로 될 것이다. 그러한 환경에서 대중은 일자리와 복지에 초점을 맞추게 되고, 국제적 차원에서 다원 사회, 환경의 지속가능성, 형평과 정당성 등을 관리하는 것과 같은 더욱 장기적인 필요성에 관심을 가질 여지는 거의 없다. 러시아와 중국에서 민족주의와 외국인혐오증이 대두되고 있다고 보는 전문가들이 많으며, 미국과 EU국가라고 해서 그런 문제가 전혀 없는 것은 아니다. 그러한 경향은 다자포럼에서 각국의 입장을 비협조적으로 만드는 데 기여한다. 이 때문에 비효과적인 글로벌 거버넌스, 인식의 괴리 확대, 그리고 서로를 자극하는 분노의 국민토론이 이어지는 악순환이 초래될지 모른다.

명맥 유지

앞으로 수년간 아마도 개연성이 가장 높을 이 시나리오에서는 집단적 관리가 느리게 진전되더라도 국제체제를 위협할 정도로 압도적인 위기는 없을 것이다. 위기가 특별한 임시적 틀에 의해 처리되거나 위기의 가장 위협적인 측면을 회피하기 위한 제도가 강구된다. 공식 제도는 대체로 개혁되지 않고 유지되며, 개도국들이 국내 교란 방지에 주력함에 따라 서방국가들이 '글로벌 거버넌스'의 부담을 고스란히 짊어져야 할 것이다. 이러한 미래는 국제체제를 압도할 만큼 관리할 수 없는 위기가 없다는 것을 전제로 하기 때문에 장기적으로는 지속될 수 없다.

2012년 3월 3일 게시: '검은 고니(희귀한 사건 예측을 의미 — 옮긴이)'가 엄청나게 유행했던 때를 상기해보라. 우리에게 닥친 재난은 일부에서 예측한 만큼 그리 많지는 않았다 — 그러나 어째서? 우리가 더욱 기민해진 것인가? 아니면 예측이 빗나간 것인가? 아니면 둘 다인가?

2012년 3월 4일 게시: 부화되기 전에 병아리를 세지 말라. 그렇게 자신하기에는 너무 이르다. 금융위기 이후, 위험 회피가 심했다. 그리고 일련의 작은 재난과 실패에 준하는 일을 경험하면서 방어력이 강화되었다. 벵골 만의 태풍 피해와 관련, 우리는 이제 방글라데시를 지원하는 세계 행동계획을 가지고 있다……. 그러나 크게 잘못될 수 있는 일들이 아직 많다.

2014년 9월 15일 게시: 나는 평소 대타협을 믿지 않지만, UN 안보리가 이란과 타결한 합의는 대타협이라는 생각이 든다. 작년에는 그러한 합의가 이루어질 것이라고 보는 사람이 아무도 없었다. 그러나 이란 내 변화는 구(舊)정부를 몰아냈다. 이것은 나에게 소련 붕괴를 상기시킨다. 소련 붕괴는 지금 돌이켜보면 분명했지만, 당시 그것을 예측한 사람이 거의 없었다. 국제관계에서 훨씬 더 많은 협력이 가능할 때 우리는 밀월 기간을 기대하게 된다. 이란 사태와 관련하여 흥미로운 대목은 이란 정부의 정치적 방향전환이 필요했다고 하더라도 주요 20개국 그룹(G-20)에 속하는 일부 신흥 강국의 능숙한 개입이 없었다면 그러한 합의가 이루어지지 않았을 것이라는 점이다. 그러한 맥락에서 그 합의는 G-20이 진정으로 성숙했으며 UN과 협력할 수 있다는 것을 보여주었다.

2017년 5월 15일 게시: 여러분은 남중국해에서 중국과 베트남이 군사적으로 충돌했다는 소식을 들었는가? 양국 모두 사상자가 발생한 것 같다. UN 사무총장이 즉각 날아가지 않았더라면 상황이 훨씬 더 악화되었을 것이다.

2017년 5월 17일 게시: 정말이지 다자협력에 어떤 영향을 미칠지 걱정된다. UN 안보리가 창설 이후 처음으로 극적인 변모를 보이나 싶었는데, 지금은 일본과 인도가 UN 안보리 상임이사국이 될 전망이 완전 폐기까지는 아니라도 당분간 보류된 것 같다. 양국이 베트남 편을 들고 있는 것처럼 보인다. 개도국들의 결속은 어떻게 되었는가? 또한 그 분쟁은 자원전쟁이 발생하지 않을 것이라는 이론에 의문을 던지고 있다. 내 짐작으로는 베트남 등 동남아시아 국가들이 중국에 질렸다고 본다.

2017년 5월 20일 게시: 인도가 방금 중국을 전면 비난하고 나섰으며, 미국과 EU의 지지를 기대하고 있다.

2017년 5월 21일 게시: 중국공산당이 민족주의 대두를 억제할 수 없는 상황에서, 지금은 중국을 자극할 때가 아니다.

2017년 5월 22일 게시: 많은 개도국들이 중국이 자신들에 등을 돌렸다고 느낀다……. 미국이 어느 편인지 또는 미국이 양쪽을 화해시킬 수 있는지 여부는 분명치 않다. 나쁜 감정의 시대에 관해 얘기하라……. 무역에서 자원 경쟁에 이르기까지 모든 것에 영향을 미쳤다.

2017년 5월 23일 게시: 긍정적인 면을 보라. 북극 석유 탐사의 성과가 나타나기 시작하고 있다. 10년 전 우리는 러시아가 더욱 적대적이 되어간다고 우려했다. 금융위기가 러시아를 개방으로 이끌었다. 러시아는 북극 자원을 개발하기 위해 서방의 기술이 필요했으며, 그것은 이제 서서히 결실을 맺고 있다.

2020년 12월 1일 게시: 나는 국제체제의 미래에 관한 다보스 심포지엄을 준비하고 있다…….

2020년 12월 2일 게시: 아시아에서 계속되는 긴장사태를 감안할 때, 우리는 간신히 물 위로 머리를 내밀고 있다고 심포지엄 토론자들에게 말하라…….

2020년 12월 3일 게시: 그러나 지금까지 지나치게 잘못된 것은 없다. 핵전쟁이 없었고, 이란이 안정되었으며, 중동 정세도 매우 안정적이다…….

2020년 12월 4일 게시: 그러나 아시아는 최근의 실패국가 지수(Failed States Index)를 언급할 것도 없이 아직 위기에서 벗어나야 한다……. 안보와 개발에 관해 수년간 논의했으면서도 일자리 찾는 젊은이들이 넘치는 아프리카 10개국이 여전히 붕괴 직전에 있으며 우리는 눈 가리고 아웅 하고 있다. 지금의 다극세계는 관리하기 훨씬 더 힘들다.

2020년 12월 5일 게시: 당신 말이 맞다……. 우리의 위기 타개는 운이 더 작용했다.

제 2 장

글로벌 거버넌스를 복잡하게 만드는 권력 이동

향후 10년 동안 세계는 다극체제로 이행됨으로써 글로벌 거버넌스를 효과적으로 수행하기가 복잡해질 전망이다. 지난 세기의 후반부에 미국은 자국의 자유주의적 세계관인 자유시장과 민주주의를 크게 반영한 세계 질서를 형성했다. 미국은 금융안정과 열린 교역로(交易路) 같은 세계 공공재가 제대로 공급되는지 감독했다. 특히 냉전이 종식된 이후 EU는 지역통합과 주권 공유 모델의 수출을 모색했으며 글로벌 거버넌스와 우선 사항에 대한 분명한 담론을 마련했다.

> 내가 볼 때 오늘날 당면한 문제는 분쟁의 위험보다는 권력이 재분배되었는데도 국제체제가 응집력과 방향을 상실할 위험에 처한 것이다.
>
> — 유럽 싱크탱크 소속 참여자

오늘날 신흥 강국들과 대부분의 국제사회는 정치적 리더로서 미국과 EU가 누리는 정당성과 신뢰성에 대해 공개적으로 의문을 제기하고 있다. 그 이유는 이들 국가가 권력이 다극체제로 이동하기 이전에 보장했던 경제안정과 같은 공공재를 이제는 제대로 제공하지 못하며, 무역과 기후변화에 대한 입장이 타국의 이해에 대해 공정하지 못하다는 견해 때문이다. 이와 동시에 신흥 강국들의 경제력 팽창이 국경을 초월해 그들의 정치적 영향력을 증대시키고 있다. 현대성(modernity)에 관한 정의가 대체되고 있다고 주장할 수 있다. 어느 누구나 자본시장 개방이 좋은 것이라고 생각하는 것은 아니며, 심지어 무역 측면에서도 산업정책이 일시적인 유행처럼 나타난다. 특히 신흥국가에서 그렇다. 오늘날 국제체제에서 중요한 국가가 훨씬 더 많아졌다. 경제관과 이데올로기가 크게 다른 이들 국가 중 다수가 국제 문제를 해결하는 데 없어서는 안 될 존재다.

권력은 기존의 강대국에서 신흥국과 어느 정도는 개도국으로 이동할 뿐 아니라 **비국가행위자**로 옮겨가고 있다. 비국가행위자는 협력의 촉진자일 수도 있고 방해자일 수도 있다. 긍정적인 면을 보면 초국가적 비정부기구(NGO), 시민사회단체, 교회와 신앙기반 조직, 다국적기업과 같은 기업체, 이익집단 등이 정책의 틀을 짜고 공공의 관심과 압력을 발생시키는 데 더욱 적극적이 되었다. 그러나 범죄조직, 테러리스트망과 같은 적대적인 비국가행위자는 — 모두가 기존의 기술과 새로운 기술로 힘을 갖추고 있음 — 심각한 안보 위협이 되고 체제 위험을 가중시킬 수 있다.

도한 국유·국영 기업과 국부펀드, 특히 중국과 러시아의 국유·국영 기업과 국부펀드가 글로벌 거버넌스에서 수행하는 역할이 점증할 것으로 보인다. 이런 행위자는 정치적 사항과 경제적 사항을 함께 고려해 움직이기 때문에 전통적인 범주에 딱 들어맞지 않는다.

다극체제가 다자주의를 제고할 것인가 아니면 약화시킬 것인가?

새로 나타난 다극체제에서 세계 및 지역의 핵심 행위자들은 주권, 다자주의 및 정당성에 관해 서로 견해가 다르다. 이런 현상은 역사적 경험이 서로 다른 데서 연유할 때가 많다. 그렇게 다양한 관점을 아우르는 것이 몇몇 영역에서 국제협력을 촉진하는 데 매우 긴요할 것이다.

글로벌 거버넌스는 소중한 주권을 남에게 넘기도록 요구한다 — 중국 내의 견해가 그렇다······. 중국은 지금까지 주권이 최우선이었지만 앞으로 주권과 국제적 책임 간 균형을 유지해야 한다. 중국은 주권이 보장된다고 생각할 때 타국과 협력해나갈 것이다. 여기에는 의심의 여지가 없다.

— 중국 싱크탱크 소속 전문가

지역 혹은 세계 제도 내에서 우선사항이 다양하게 제기되어 경쟁이 유발되면, 다자제도의 중요한 행위자들의 사이가 벌어지고 협상이 교착상태에 빠질 위험이 도사리고 있다.

우리가 만난 많은 전문가들에 의하면 주권은 생생하게 살아 있다. 향후 10년 동안 주권을 새롭게 강조하는 방식이 어떻게 전개되느냐는 글

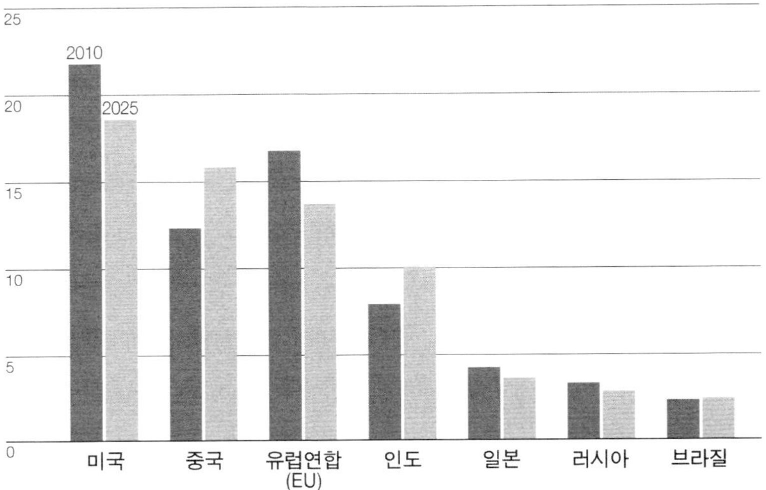

주: 2025년까지 다수 국가의 상대적인 정치적·경제적 권력이 변모될 것이다. 이 모델은 개별 국가의 국내총생산(GDP), 국방비 지출, 인구 및 기술을 측정한 것이다.

자료: International Futures 모델.

로벌 거버넌스에 중대한 함의를 지닐 것이다. 권력이 어느 정도까지, 어떤 목적으로 국제기구에 넘겨지느냐 하는 것이 논점이 될 것이다. 국제 사회 또는 국제기구가 어떤 국가의 국내 문제와 관련해 해당 국가의 권위에 도전하거나 무시할 수 있는지, 그리고 그럴 수 있다면 어떤 조건에서 가능할지 하는 문제가 전면에 등장할 것이다.

EU는 지역을 통합한 독특한 경험을 하면서 자발적으로 주권을 공유하는 가장 선진적인 체험을 했다. 그래서 탈공산주의 체제를 확대된 지역 질서로 흡수하는 데 대체로 성공을 거두었다. 다른 핵심적인 세계행위자들은 대부분 국제기구에 사법권 이양은 고사하고 규제권력 위임도

주저하며, 또한 다수결체제하의 주권 공유를 꺼리고 있다. 미국, 러시아, 중국, 인도 모두는 무엇보다 국내 정치체제가 너무 달라 주권을 침해할 수 있는 글로벌 거버넌스 기제에 뿌리 깊은 의심을 갖고 있다. 하지만 이들 국가의 입장은 이슈에 따라 다양하게 나타난다.

모든 것을 감안해볼 때 강대국은 고급 형태의 협력과 감독을 지지한다. 왜냐하면 자국의 이익을 구현시킬 수 있을 것으로 보기 때문이다. 또는 적어도 직접적으로 자국 이익에 타격을 줄 것으로 보지 않기 때문이다. 핵무기보유국은 국제원자력기구(International Atomic Energy Agency: IAEA)가 비핵무기보유국의 핵시설을 점검할 사찰권한을 가진 데 대해 마음 편하게 생각하고 있다. 그렇지만 비교우위 분야 또는 경쟁 강세 분야에서 자국의 행동에 제약을 가하는 규칙을 지지하려고 하지 않는다. 가령 에너지정책이나 특정한 형태의 무기 금지에 관해서 그렇다. 하지만 그와 같은 선별적 접근방법은 문제를 야기할 뿐이다. 멋대로 참여하지 않을 만큼 힘이 센 국가의 숫자가 늘어나고 있기 때문이다.

과거보다 더 이질적인 국제체제하에서 문제는 다자주의 틀과 체제 속에 주요 강대국과 소국 집단의 이해와 관점을 어떻게 조화시키느냐 하는 점이다. 참가국들은 모든 이해 당사국이 체제를 신뢰하고 집단행동에 참여하며 필요 시 국내 거버넌스보다 우월한 국제 제도의 특권을 받아들이는 것이 필요한 선결조건이라고 생각한다.

우리의 주요 관심사항은 새로 생기는 기구들이 과거의 대표성 결여를 반복하지 않는 것이다.

— 브라질 고위 관리

또한 가치 또는 원칙의 다양성이 다자간 협력에 영향을 미칠 것으로 예측된다. 예컨대 미국과 EU의 입장과 정책이 항시 일치하는 것은 아니라고 할지라도, 국내 정치체제의 핵심 가치인 민주주의를 진작하고 인권을 옹호한다는 이들 국가의 목적을 보면 그 대외정책을 대체로 짐작할 수 있다. 중국, 러시아와 같은 강대국은 다수의 신흥개도국으로부터 상당한 지지를 받으면서 인권을 좀 더 상대적으로 해석하며, 잔혹한 정권을 맹렬히 비난하거나 제재를 가하는 데 심기가 불편하다. 인도는 세계 최대 민주주의 국가이고 정치적으로 비동맹의 전통을 지니면서 대외정책에 상당한 민족주의적인 입장을 취하고 있는데, 브라질과 더불어 자국의 가치를 수출하고 타국의 국내 문제에 간섭하는 것으로 비치지 않도록 신중한 자세를 취하고 있다.

평화, 안정, 안보 등 긴요한 협력 과제를 수행하면서 그처럼 각기 다른 시각을 균형 있게 반영하는 일이 향후 10년 동안 각국과 거버넌스 틀 모두에 당면한 핵심 도전과제가 될 것이다. 우리의 대담자들에 따르면, 새로운 협력 방안이 모색되어야 하지만 신흥국가들이 책임을 더 많이 분담할 것이라는 징후가 있다. 다수의 신흥국가는 자국의 발전을 더욱 추구하기 위해 국제적·지역적 안정에 관심을 갖고 있다. 예를 들면 인도, 파키스탄, 방글라데시는 오랫동안 UN의 평화유지활동에 군대를 가장 많이 파견한 국가들이며, 중국과 브라질도 이런 활동에 참여를 증대시키고 있다. 이런 국가와 다른 신흥국가도 분쟁지역에서 안정을 지키고 영속적인 평화를 구축하기 위해 UN이 결의한 다자적 개입에 중요한 역할을 하게 될 것이다.

아래에 열거한 각국 대담자들이 밝힌 견해에 따르면, '글로벌 거버넌스'에 관한 다양한 관점과 의심 — 서방 개념으로 보았을 때 — 은 늘어나는 도전과제를 효과적으로 처리하기 어려운 실정에 혹을 덧붙일 것이다(추가 논의를 위해 부록 A 참조).

브라질. 브라질은 국제문제의 중심을 남북문제와 권력을 선진국에서 개도국으로 재분배할 필요성에 두고 있다. 전문가에 의하면 브라질은 '구식' 다자주의를 좋아하는 경향이 있다. 구식 다자주의란 국가가 중심이며 비국가행위자에게는 활동의 여지가 없는 것이다. 그럼에도 브라질에서 글로벌 거버넌스 관련 이슈가 기후변화에 관한 대중 토론에 자극을 받아 이목을 끌기 시작했다.

중국. 많은 중국 사람들은 산적한 세계적 도전과제와 국제체제 속의 '근본적인' 결함을 보았지만 중국이 국내 문제를 처리해야 한다는 점을 강조했다. 중국 사람들은 최근에 설립된 각종 제도와 그룹을 아우르는 '규모가 더 큰 구조'를 생각하고 있다. 그들은 G-20을 한 단계 진전한 것으로 보지만 남북 간의 격차가 경제 이외의 이수에 관한 협력에 방해가 되는지 여부에 대해 의문을 제기했다.

인도. 인도 사람들은 기존의 국제기구가 "총체적으로 적합하지 않다"고 생각하며, "아시아의 안정을 보장하기 위한 내부적 균형이 부재하다"는 데 대해 걱정했다. 그들은 아시아 지역 내에서 중국의 역할이 압도적인 점을 감안할 때, 지역 제도를 발전시키는 데 기여할 수 있는 인도의 입지가 좁다고 보았다. 일부 인사는 '서방'에서 발전된 제도 — 민주주의와 법의 지배 포함 — 는 '동방'이 과거보다 강해질 때 타격을 받을 것으로 우려했다.

일본. 많은 일본 사람들의 눈에는 거버넌스 격차가 '형태 또는 구조'보다 정치적 리더십에서 기인한 것이 더 많다. 몇몇 사람은 거창한 관료조직을 가진 공식 제도가 과연 효과적인지 의문을 제기했다. 동시에 일본 사람들이 생각하기에 G-20은 현재보다 더 강력한 정치적 응집력이 필요하다. 대부분의 일본 사람들은 국제기구를 개혁하기 이전에 국가적·지역적 수단을 강화할 필요성을 강조했다. 많은 일본 사람들은 동아시아의 지역 틀, 특히 경성안보(hard security)를 위한 지역 틀이 부족한 데 대해 염려했지만 일본은 지역협력을 위해 좀 더 적극적인 역할을 해야 한다고 주장했다.

러시아. 러시아 전문가들은 2025년의 세계를 여전히 '초강대국'이 지배하는 세계로 보았다. 물론 일부 인사는 다국적 기업의 영향이 증대되고 초국가적 협력이 확대될 것으로 보았다. 러시아 사람들은 '범태평양 안보'가 미흡한 데 대해 우려를 표명했다. 또한 미국, 유럽, 러시아는 훨씬 더 밀착될 여지가 있다. 한편 '세계 최대 경제'를 가진 중국은 세계를 변화시키는 주된 요인이 될 것이다.

남아프리카공화국(남아공). 남아공 사람들은 세계화가 단일한 세계적 정체(政體)를 창설하기보다 오히려 지역화를 강화하고 있는 것 같다고 평가했다. 그들은 세계화의 경쟁에서 패배자가 승리자보다 점점 더 많아지고 있다는 점을 걱정했다. G-20에 아프리카 대표는 별로 없다. 아프리카 사람들에게 UN은 여전히 유일하게 '정당한 신임장'을 가진 세계 제도다. 일부 인사들은 중국에 대해 경계심을 나타냈다. 그들이 보기에 중국은 오직 아프리카의 자원에만 관심이 있기 때문이다.

아랍에미리트(UAE). 걸프 지역 참가자들이 제기한 핵심적인 질문은 어떤 종류의 세계 제도가 포괄적인 권력 분점을 가장 잘할 수 있을까 하는 것이었다. 그들은 강력한 지역 기구가 없다는 점을 안타깝게 생각했다. 에너지 소비국의 권리와 에너지 생산국의 '권리'를 함께 다루는 틀이나 제도가 필요하다. 몇몇 인사는 민주화에 대한 서방의 지원이 부족한 데 대해 실망감을 표시했다.

협력을 증진하도록 이견을 관리한다면 다자 틀에 내재된 포괄성과 유효성 사이의 긴장이 완화될 것이다. 이는 **정당성 문제의 본질에 접근하는 것이다. 신흥 강국 엘리트와 논의할 때 정당성 문제는 다자협력 증진을 위한 가장 중요한 이슈로 등장했다.**

우리는 강자뿐 아니라 약자도 '포함되는 정치'가 필요하다.

—걸프 지역 참가자

많은 참가자들에 의하면, 부담과 책임을 공정하고 공평하게 배분하려면 가까운 장래에 논쟁이 가열될 가능성이 있다. 몇몇 신흥 강대국(중국, 인도)은 국민 1인당 기준으로 하면 상대적으로 가난한 국가이기 때문에 국내의 우선사항이 다양하며 이에 따라 공정성과 형평성의 평가도 다양하게 된다. 이런 현상은 이미 기후변화와 무역 문제를 놓고 선진국과 개도국 간에 벌어진 협상에서 명백하게 나타났다.

단편화

강력한 국가와 지역은 외부의 위협에 대처해 벽을 쌓으려고 한다. 아시아는 경제적으로 자급자족이 가능한 지역질서를 구축한다. 글로벌 커뮤니케이션 덕분에 세계화가 계속되지만 그 속도는 현저히 둔화된다. 유럽은 생활수준 하락에 따라 팽배하는 국민의 불만을 불식시키는 데 정신이 없기 때문에 내향적으로 되고 있다. 미국은 노동력 증가로 형편이 좀 낫겠지만 여전히 유럽과 비슷한 이슈와 씨름할 것이다. 특히 재정 문제가 해결되지 않은 상태로 있다면 그럴 것이다.

"G 그룹들에 대한 탄식"
2023년 3월12일자 기고 논평

이제 G 그룹들은 거의 머나먼 추억이 되었다. G-20 회의는 엉망 진창으로 종료되었다. 그리고 미국, 캐나다, 유럽 사람들은 최초로 G-7을 포기했다. 그들은 이런 질문을 던졌다. "그게 무슨 소용이 있단 말인가?" 신흥 강국들은 대서양 양편의 파트너 국가들이 공동보조를 맞춘다고 해도 ─ 요즘은 그런 일도 별로 없지만 ─ 꿈적도 하지 않을 것이다. 실제로 정치적 분위기는 틀어질 대로 틀어졌다. 이런 상황이 시작된 것은 대침체가 있은 지 수년 후부터이다. 서방이 침체 상태에서 벗어나 상당한 성장 궤도를 따라가려면 장기간이 소요될 것이 분명해 보였다. 미 - 중 관계는 중국이 자국 통화의 평가절상 조치를 연속적으로 지연시킴으로써 큰 타격을 받았다. 시기가 좋지 않았다. 미국의회는 중국제품 수입 저지를 위한 조치를 취하기 시작했다. 미국과 중국의 전략적·경제적 대화는 중단되었다. G-20 회의는 개최 빈도가 줄어들었다. 이 그룹은 교토회의 이후 항상 후속조치를 위한 협상이 난항을 겪었지만 G-20 내부, 특히 미국과 중국 간 팽팽한 긴장관계가 사실상 그룹 운영을 불가능하게 만들었다. 중국은 개도국과 유대관계를 돈독히 하는 데 열성을 더 기울이고 있지만 인도와 치열한 경쟁을 벌이면서 그조차

힘들게 되었다. 아시아의 역내 무역은 계속 증가했다. 이제 중국과 인도는 주요 무역 상대국이며 이를 통해 중국이 미국, 유럽과의 거래에서 줄어든 부분을 일부 상쇄하고 있다.

대서양 양안 관계는 결국 동맹이 망가질 정도로 산산조각나지는 않았다. 유럽은 2010년대 장기간에 걸친 유로존 위기를 거친 후 점점 더 내향적이 되었다. 미국의 많은 인사들은 미국의 성장이 지지부진한 것은 유럽의 경제회복이 완만하기 때문이라고 생각했다. 이보다 더 중요한 것은 미국이 유럽에 아프가니스탄에 대한 군사 지원을 늘려줄 것을 요청했지만 유럽은 그럴 형편이 되지 못했다는 점이다. 여기에 개인적인 악감정까지 개입되었다. 지난번 G-8 정상회의는 정상 두 명이 마지막 만찬 때 좌석배치를 놓고 서로 삿대질을 하는 바람에 서둘러서 막을 내렸다. 장기간 동안 수위가 높아진 대서양 양안 간 긴장상태를 상징적으로 나타낸 사건이었다.

이런 것이 모두 중요한가? 쉽게 대답할 수 없는 일이다. 어쩌면 지금은 뭐라 말하기엔 너무 이르다. G 그룹들이 현실적인 힘을 가진 적이 없다. 많은 국외자가 볼 때 이 그룹들이 힘을 가지면 안 되는 것이었다. 이런 회의를 준비해야 하는 외교관들은 불평이 대단했다. 경우에 따라서 G 그룹 정상회의가 끝날 때 발표하는 성명서는 이리저리 길게 배배 꼰 것으로 구체적인 행동이나 개선으로 이어지는 법이 없다. G 그룹들에 속하지 않는 많은 '하층' 국가들은 G 그룹들이 UN의 역할을 찬탈해 가려 한다고 생각했다. G 그룹들은 비민주적이고 끼리끼리 어울리는 동창회와 같았다. 그 그룹들이 사라질 것이다. 그리고 언젠가 재창설될 것이다. 그러한 재창설은 모두가 타격을 받는 대형 위기를 겪어야 비로소 이루어질 것이다. 그러나 지금 국제체제는 서서히 해체되고 있다.

우리가 아직 1930년대처럼 세계적 대재난을 맞이한 것은 아니다. 보호무역주의가 강화되어도 감지하기 점점 힘들다. 도하 라운드는 완전히 협상이 정지되어 꼼짝도 하지 않는다. 일정 형태의 보호를 요구하는 이른바 '전략적' 부문이 늘었다. 모든 국가가 에너지 효율에 관심이 있고 기후가 변화한다는 증거가 더욱 명확한데도, 탄소 배출 감소를 위한 주요 합의조치 이행이 지연되고 있다. UN의 계산에 의하면 과거 5년 동안 환경 이민이 10배로 증가했다. 테러리스트들이 서방에 대한 음모활동을 강화하는 동안 인도와 중국 내에서 불만을 품은 집단들의 호전성이 증대되고 있다. 좀 더 강력한 국제 질서가 확립되지 않는다면 중동과 남아시아에서 핵무기 경쟁이 일어날 것으로 우려된다. 이 두 지역은 분쟁 가능성과 지역 대재난을 억제하거나 저지할 수 있는 '자율성'이 없으며 외부의 지원이 필요하다. 위기가 터지고 나면 미국과 유럽은 틀림없이 대책을 취하겠지만 때가 너무 늦을지 모른다. 바로 그 시점에서 미국과 유럽이 신흥 강국들의 도움 없이 무슨 일을 할 수 있겠는가?

제 3 장

일부 성공을 거둔 적응

다자제도가 새로운 이슈의 등장에 대응해 어느 정도 적응했지만 그 적응이 반드시 의도적이었거나, 증가하는 수요를 따라잡을 만큼 충분한 것은 아니었다. 오히려 그러한 적응은 제도 자체 못지않게 외부 힘에 의해 자극을 받았다.

다자제도가 적응을 위해 진력하는 동안 글로벌 거버넌스에 대한 혁신적인 접근방법이 전면에 나타났다. 미래의 발전을 위한 지침으로서 세 가지 혁신 방안이 특별한 관심을 끌었다. 즉 G-20과 같은 비공식적인 선도국가 집단의 등장, 동아시아에서와 같은 지역협력 확대를 위한 시각, 그리고 국제협력에 대한 비국가행위자의 대대적인 기여가 그것이다.

이런 발전 동향은 모두 세계 다자제도 밖에서 유래했다. 시동을 건 게 정브든지 시민사회든지, 그 범위가 세계적이든지 지역적이든지 간에 근원이 그렇다. 어떤 경우를 보면 혁신적인 접근방법이 나온 것은 전통적인 틀이 상대적으로 침체상태에 빠진 데서 오는 불만이라든가 아니면 이런 틀에 내재된 서방 편향을 인지한 불만 때문이다. 그런 접근방법에 는 20세기로부터 물려받은 고도로 법제화된 체제보다 '더 가벼운' 형태 의 협력이 포함된 경우가 종종 있다. 즉 협의가 규정을 대체하며, 행동 수칙이 구속력 있는 규범으로서 준수되고, 다자포럼에서 지역 이니셔티 브를 논의하는 데 장시간이 걸리지 않으며, 합의사항을 이행하고 감독 하는 일에 국제 당국보다 각국 정부가 앞장선다.

글로벌 거버넌스에 대한 혁신적인 접근방법은 시행착오를 통해 발전 했다. 이런 실험 중 어떤 것은 세월을 이기지 못하겠지만 전반적으로 근 본적인 추세를 보여준다. 그 추세가 지향하는 협력 형태는 더 느슨하고 더 유연하며 임기응변적이고 때에 따라서는 책임성이 더 높은 것이다. 통상 그런 접근방법은 변모하는 국제체제에 대응해 발전한다.

이런 혁신적인 접근방법은 규칙 기반의 포괄적인 다자제도의 대안이 될 수 없다. 다자제도는 정상회의, 비국가행위자, 지역 틀이 공급할 수 없는 공공재를 제공할 수 있다. 그렇지 않다면 다자제도의 공공재 공급 방식을 신뢰할 수 없을 것이다. 이러한 공공재는 주로 보편적 정당성을 누리는 결정, 상호주의를 기반으로 예측할 수 있는 행동 패턴을 설정하 는 규범, 국가적 조치의 실행과 감독을 위한 기제, 그리고 어떤 부문에 서는 무역문제와 같은 분쟁을 해결하고 불법행위를 시정하는 수단 등이 다. 국제체제가 더 다양화되고 어쩌면 단편화됨에 따라 이런 공공재의 공급은 더욱 중요하게 될 것이다.

내 잠정 결론은 다음과 같다. 동일한 기제로 상이한 이슈를 다루는 것은 통 하지 않는다. 상이한 문제를 다루는 데는 상이한 기제가 필요하다. 어떤 도전과제에 대해서는 분업을 통해 양자, 지역 및 세계 차원에서 대응한 다음 그 결과를 결합할 필요가 있다.

— 중국의 전문가

앞으로 전통적인 틀만 가지고 또는 새로운 형태의 협력만 가지고 글로벌 거버넌스 문제를 해결할 수는 없을 것이다. 하지만 대담자 다수가 이 두 형태의 글로벌 거버넌스가 상호보완적이 될 수 있다고 보았다. 전자는 철저한 개혁을 하지 않고 그대로 헤쳐나가려 할 것이며 후자는 규범, 제도적 경험, 자원 면에서 다자기구의 기반과 아무런 연관을 갖지 않는다면 지속가능하지 않거나 신뢰할 수 없을 것이다.

실제로 제도 사이에 협력이 제대로 이루어지는 일은 당연한 것이 아니라 예외적인 경우였다. 환경 재앙 또는 큰 실패국가의 내홍과 같은 위기가 발생하면 협력이 촉발될 수 있지만 그런 극단적인 우발상황에 대해 단순 반응하는 식으로 접근하는 것은 불충분할 것이다.

위기가 그 성격상 세계 금융과 시스템에 영향을 미치기 때문에 각국 정부의 대응이 범위, 속도, 신규성 면에서 전례가 없을 수밖에 없었다. 우리는 글로벌한 위기관리 거버넌스를 실행했다.

— 유럽의 전문가

여러 기구와 네트워크의 부가가치 창출과 직결되는 글로벌 거버넌스 체계 수립을 얼마나 진척시킬 수 있을지는 다음 세 가지 요인에 달려 있다. 첫째, 당면 이슈 및 이 이슈와 다른 문제의 연관성에 대한 지식의 공유. 둘째, 옛것과 새것, 공식적인 것과 비공식적인 것, 정부와 비정부, 그리고 글로벌 거버넌스 틀과 지역 거버넌스 틀 사이 접점에서 이루어지는 혁신. 셋째, 효과성과 포괄성 간의 수용 가능한 균형.

비공식 집단의 결성

세계 또는 지역 제도 밖에서 열리는 정기적인 정상급 회의가 많아진 것은 최근 글로벌 거버넌스 혁신의 핵심적인 특징이다. G-8과 G-20 같은 비공식 집단의 결성은 네트워크를 통한 국가정책 조정과 실천 가능한 것에 중점을 둠으로써 이미 글로벌 거버넌스에 상당한 영향을 미쳤다. G-8, G-20과 같은 포럼에서 결정된 사항은 정치적 성격을 띤 것으로서 구속력이 없다. 그렇기 때문에 이런 포럼들이 UN 및 브레턴우즈 제도(IMF와 세계은행— 옮긴이)가 의사결정과 규칙 설정을 위한 틀로서 제대로 작동하지 않기를 바라지는 않을 것 같다. 그럼에도 포럼 형식은 다양성이 높아진 세계에서 공동 과제를 관리하는 새로운 방식을 실험하고 있으며, 추가 혁신을 위한 흥미로운 방안을 알려준다.

1970년대 중반 G-7 및 1998년 G-8 설립에 뒤이어, 국제 의제에 오른 다급한 이슈에 대응해 지난 수년 동안 새로운 그룹이 만들어졌다. G-20은 회원국 폭과 의제 범위를 놓고 볼 때 가장 눈에 띄는 혁신이다. 2007년 주요 배출국 포럼(Major Emitters Forum)으로 설립되어 2009년 이름을 바꾼 주요 경제국 포럼(Major Economies Forum: MEF)은 기후변화를 다룬다. 신흥 경제권인 브라질, 러시아, 인도 및 중국(BRIC) 지도자들은 2009년 러시아, 2010년 브라질에서 모였으며 2011년에는 중국에서 회동할 예정이다.

중기적으로 볼 때 G-8의 역할은 부문 이슈를 다루는 데 한정될 것으로 보인다. 논의 대상 부문은 생각을 같이 하는 국가들의 소규모 모임이 자원을 동원할 경우 부가가치를 창출할 수 있을 부문이다. 좀 더 일반적으로 이야기하면 G-8은 무엇보다 아이디어를 다듬어서 G-20과 같이 더 큰 테이블에 제출하는 유용한 플랫폼으로 존속할 수 있다. 또한 G-8은 곡표로 설정한 자신의 구상이 다자제도의 의제 및 G-20과 같은 집단의 의제와 밀접하게 연계될 경우, 각국을 그 구상에 참여시킴으로써 존속할 수 있을 것이다. 마침 BRIC 국가 모임도 이런 활동을 통해 확대된 틀에서의 논의에 크게 기여할 수 있을 것이다. 지금까지 BRIC 정상회의는 새로운 규범을 제안해 다른 주요 행위자들과 손을 잡기보다는 기존의 규범에 반대하는 모습이 더 눈에 띄었다. 하지만 향후 20년 동안 BRIC 국가의 경제적·정치적 궤도가 서로 달라질 것을 감안할 때, 이 그룹이 얼마나 오래 갈지는 두고 볼 일이다.

비공식 집단이 발전하면서 회피해야 할 주된 위험은 상호 경쟁하는 지정학적 연합을 답습해 그 복제판이 되는 것이다. 그런 일이 발생하면 정상회의 외교의 기본적인 목적이 많이 훼손될 것이다. G 그룹이 발전한 것은 다음과 같은 두 가지 기본적 필요에 따른 것이다. 첫째, 공식적 다자 구조에 의한 제약을 벗어나 다 함께 공동의 문제를 다루기 위해 집단 리더십을 촉진할 필요가 있었다. 둘째, 세계 권력의 균형 변화를 반영할 필요가 있었다. 'G 그룹'이 발전한 배경이 되는 그러한 두 가지 기본적 이유는 세계가 더욱 이질화됨에 따라 상호 보강이 될 수도 있고 안될 수도 있다. 기후변화와 같은 특정 부문 협상에서 비공식 집단이나 안정된 연합들이 서로 충돌하고, 세계경제 회복을 굳건하게 하기 위한 방법을 둘러싸고 이견이 발생하면, 문제 해결을 위한 공동 책임과 상이한 정치적 우선순위·의제의 공존 사이에 긴장이 드러난다.

이런 환경에서 각 집단의 내부 결속과 타 집단과의 결합은 그 집단이
실효성을 유지하기 위한 필수 조건이다. 각종 정상회의를 준비하는 '셰
르파들(sherpas, 각국 정상의 개인 대표— 옮긴이)'이 자국 입장의 일관성을
어느 경우에나 확보하도록 국가적 수준과 정부 간 수준에서 강도 높은
조정을 거침으로써 그러한 두 가지 요건이 제고될 수 있다

> 제도에도 다윈의 진화론이 적용되며 우리는 최적 제도의 생존을 보게 될 것
> 이다.
>
> — 유럽의 전문가

'G 그룹'의 성과는 공식 다자기구와 갖는 관계에 크게 의존할 것이다.
비공식 집단은 중요한 세계적 이슈에 관한 협력의 논조와 방향을 결정
하고 최고의 국제 의제 설정기관으로서 역할을 하라는 요구를 점점 더
많이 받을 것이다. G-20이 금융위기의 파장을 처리하는 데서 보인 역할
같은 것이 그런 경우이다. 예를 들어 G-20은 IMF와 세계은행에 정상회
의에서 무엇을 우선 처리해야 하는지 자문을 구하고 관련된 국별 정책
조치를 모니터하도록 요청했으며, 필요한 국가에 대해 금융지원을 제공
하거나 식량안보를 제고시키기 위해 목표를 설정한 정책 방안을 개발하
도록 요청했다. 또한 비공식 집단은 상이한 협력 틀 사이에 연결고리가
될 수 있다. 에너지 부문에서 G-20은 여러 기관이 좀 더 긴밀하게 협력
하도록 고무했다. 여기에 포함된 기관은 국제에너지기구(International
Energy Agency: IEA), 석유수출국기구(Organization of Petroleum Export
Countries: OPEC), 경제협력개발기구(Organization for Economic Cooperation
and Development: OECD), 그리고 세계은행이다. G-20은 금융안정포럼이

금융안정위원회로 변신하는 계기를 만들었으며 IMF의 점진적 개혁 동력을 뒷받침했다.

G-8과 같은 비공식 집단은 당초의 활동 범위를 확대하는 데 유연하고 적극적인 모습을 보였다. G-20 또한 2008년 이후 의제를 확대했는데, 그해 피츠버그에서 개최된 정상회의에서 '강력하고 지속가능한 균형 성장을 위한 틀'에 합의한 바 있다. G-20이 소관 업무를 확대해 일종의 비공식 글로벌 거버넌스 '허브'가 될 소질을 갖추고 있는지 여부에 대해 논의가 진행 중이다. G-20이 의제를 확대할 경우 그것을 처리하는 데 '역량 부족'을 겪을 것이라고 보는 관측통들이 많다. G-20의 기초가 의제의 대폭적인 확대에 따라 더욱 활발해질 정보 흐름과 교류를 뒷받침할 만큼 튼튼하다고는 생각되지 않으며, 국가 수준의 주무 기관들과 구조적으로 연결되어 있지도 않다. 그러나 이슈의 난이도가 높아짐에 따라, 또는 위기로 인해 새로운 이슈가 등장함에 따라 공동 관심사가 경제 회복 촉진을 넘어 더욱 확대될 것이다. 이리하여 G-20도 의제를 추가로 확대하게 될 것이다.

비공식 집단의 규모가 G-8처럼 작을 때 정당성이 문제가 된다. 비공식 집단의 회원국이 제한적이면 논의에 참여한 국가보다 논의의 영향을 받는 국가가 더 많아지는 일이 일어난다. 이렇게 되면 그 논의 절차에 참여하지 않은 대다수의 개도국과 지역 강국으로부터 의혹을 사게 된다. G-20처럼 비공식 집단의 규모가 상대적으로 크면 내부 결속력이 있는지, 그리고 합의에 도달하고 결과를 만들어낼 능력이 과연 있는지 의문이 제기된다. 그렇더라도 국외자 신세를 면치 못하는 국가들은 여전히 정당성에 관해 시비를 건다.

'G 그룹'의 의사결정 과정을 개선하기 위한 방안에 관해 우리가 청취한 것들을 보면, 정치 지도자들을 지원하는 셰르파 팀 강화, 특정 이슈에 집중하고 기존 다자기구 내부에 설치될 지원부서 설립, 전후의 연례의장국 간 협력 강화 등이다. 국가 지도자들의 연례회의 기간을 연장한다면, 관련 이슈를 심도 있게 논의하고 나아가 지도원칙뿐 아니라 구체적 수단과 장치에 대해서도 합의를 도출할 기회가 주어질 것이다. 이는 성명서 발표 이후 행동이 따르지 못할 때가 많기 때문이다.

> "2025년에 가면 G-20이 과연 어떤 모습을 보일 것인지를 전망하기보다 어떻게 하면 이 그룹의 신뢰성과 정당성을 제고할 것인가를 짚어봐야 할 것이다…… 어떻게 G-20이 의사결정능력을 떨어뜨리지 않고도 G-20 밖에서 들리는 여론을 반영하도록 할 것인가? G-20이 얼마나 저소득 개도국의 이익을 옹호했는가? 내 생각으로는 지금까지 G-20이 그러지 못했다.
>
> — 남아프리카공화국의 전문가

지역주의 증대

지역 거버넌스 구조가 심화되고 있다는 전반적인 추세는 전혀 볼 수 없다. 하지만 지난 10년 동안 지역 차원의 협력 증진에 상당한 진척을 보인 지역이 여럿 있다. 남미와 아프리카에서 성과가 있었으며, 특히 동아시아에서 눈에 띄게 협력이 확대되었다. 그러나 향후 10년 또는 20년 동안 지역적 집단 결성이 증가해 산적한 세계적 문제를 처리함으로써, 혁신된 글로벌 거버넌스 제도의 부재를 보완할 수 있을지는 의문이다.

지역협력은 여러 요인이 복합되어 상당한 진전이 있을 것으로 보인다. 첫째, 글로벌 거버넌스 제도의 실적에 대한 불만이 높아지고 있다. 그것은 그 제도가 실효성이 없다는 불만 또는 독특한 지역 정황에 맞지 않는 정치적 의제를 수행한다는 불만에 따른 것이지만 그 두 가지가 모두 작용할 수도 있다. 둘째, 상대적 권력이 지역 수준에서도 이동하고 있다. 중국, 일본, 브라질과 같은 발군의 국가들은 정치적 차이를 관리하고 리더십을 공고히 하기 위해 지역협력 틀에 투자하기로 했다. 셋째, 세계금융위기는 지구 전역에 영향을 미쳤으며 외부의 역내 문제 간섭에 대한 의구심과 경제적·정치적 도전에 자조적으로 대처하려는 의식을 증폭시켰다.

지역주의는 국지적·지역적 차원과 그 이상의 차원에서 공유하는 도전과제를 관리하는 데 중요하게 기여할 수 있다. 지역 거버넌스 장치는 처리해야 할 문제의 근원에 좀 더 근접한다. 문제가 안보위기이거나 경제적 격차 또는 초지역적 위협이건 간에 그렇다. 인근 국가들은 마약 거래와 국가실패처럼 각 지역에서 발생한 위협으로부터 직접 영향을 받으며, 이런 위협에 대처하는 데 연대의식을 발전시킬 수 있을 것이다. 국가 지도자들은 세계적 모임보다 지역 모임에서 서로 더욱 친밀할 것이며, 지역적 수단은 규모가 큰 다자기구의 수단보다 신속하게 동원될 수 있을 것이다. 그렇지만 대부분의 지역에서 협력할 수 있는 잠재성에 비해 협력이 실현된 것은 아주 미흡하다(부록 B 참조).

그러나 경제적·정치적 혼란에 대한 역내 해법에 새로운 관심이 쏟아짐으로써 지역적 장치에 새로운 탄력이 붙고 실효성도 높아질 수 있을 것이다. 그렇다면 지역주의가 글로벌 거버넌스의 초석이 될 것인가 아니면 그 방해물이 될 것인가 하는 핵심적인 질문이 제기된다. 전자의 경우, 평화유지활동과 같은 분야에서 지역협력은 더 큰 다자협정과 상호

보완적이며 양립이 가능할 것이다. 하지만 국제협력에 가용한 정치적 밑천과 자원이 부족한 실정이다. 후자의 경우, 지역협력에 대한 투자는 무역 문제 등의 글로벌 거버넌스 틀을 강화하고자 하는 의욕을 손상시킬 것이다. 나아가 이런 현상은 여러 지역들 사이를 벌어지게 하는 경제적·정치적 단편화를 초래할 수 있다.

지금까지의 지역협력은 EU의 경험과는 반대로 주권을 상당 부분 공유하거나 위임하는 결과를 가져오지 않았다. 실제로 대부분의 지역 틀은 회원국의 내부 문제에 대한 불간섭 원칙을 지켰다. 여기서 공동 제도는 상대적으로 취약하다는 결론이 나온다. 동아시아와 남미에서 현저한 지역협력의 역동성은 지역 강대국의 중추적 역할이 증대되고 있으며, 이런 강대국 리더십이 얼마나 수용, 경합, 또는 두려움의 대상이 되고 있는지를 반영한다. 국가가 주도하는 프로젝트는 대부분 민간행위자들이 기획하는 사업보다 못하다. 업계가 지역 수준에서 밀접한 경제적 유대관계 망을 형성하는 데 선구자적인 역할을 할 때가 많았다. 정치적 관계가 껄끄러울 때도 그랬다. 이런 활동은 신뢰를 구축하는 데 기여할 수 있으며 지역협력을 촉진하는 유인을 창출할 수 있다. 동시에 이로 인해 각 지역에서 최대 경제 국가가 파격적인 이익을 챙길 것이다.

— 중국 싱크탱크 소속 전문가

동아시아 지역주의는 새로운 단계를 맞이할 것이다. 민족주의 증대로 결국 제동이 걸릴지 모르지만, 전문가들이 생각하기에는 역내 강대국 —

중국·일본 — 과 동남아시아국가연합(Association of Southeast Asian Nations: ASEAN) 회원국 모두 분쟁을 해결하고 상호의존관계를 관리할 틀로서 지역협력을 점차 선호할 것이다. ASEAN은 지난 수십 년 동안 차별화된 지역협력을 발전시켰다. 그 기초는 낮은 수준의 제도화, 내정간섭 의제의 기피, 비공식성, 영속적인 협의, 분쟁 회피였다. 아시아 대담자들은 경제적·정치적 관점에서 중국의 역내 중심적 역할이 증대하고 있는 것으로 보았다.

일본의 대담자들은 '패러다임 이동'으로 정의된 것에 관해 새로운 역내 정황에 맞도록 조절할 필요성이 있음을 인정했으며, 일부 인사는 일본의 초점을 태평양 쪽 동맹국인 미국에서 아시아 대륙으로 전환시키는 일종의 '서쪽을 보라(Look West)' 정책을 구상하고 있다. 우리가 만난 대담자들은 일본과 미국 간 양자동맹이 미국을 포함하지 않을 수도 있는 동아시아 다자 틀의 심화와 양립할 수 있을 것인가에 대해서는 미심쩍어했다.

남미에서는 지역협력 가능성을 나타내는 추세가 있는 반면 단편화 가능성을 암시하는 추세도 있다. 이 지역은 다양한 모습의 이질적인 경제정책과 정치궤도를 추구하는 각양각색의 국가들로 구성되어 있다. 칠레, 페루, 콜롬비아 같은 국가는 경제 자유화를 추구하고 미국, 그리고 점차 중국과 양자 무역협정을 추진해왔다. 베네수엘라가 주도하는 볼리바르동맹은 이념적 경쟁에 빠져 미국의 역내 영향력에 대항할 뿐 아니라 경제의 세계화를 추진하는 브라질 등의 국가에 대해서도 맞서 왔다.

이와 동시에 남미는 상대적으로 안정되어 있으나 각국이 마약 밀매와 같은 공통의 초국가적 위협에 직면하고 있으며, 어느 국가를 막론하고 무역과 투자를 증진하고 천연자원을 이용하기 위해 수송과 에너지 인프라를 개선한다면 이득을 볼 것이다. 남미에서 지역협력을 심화시키고자 이런 자산을 기반으로 경제적 불균형과 정치적 단편화를 시정할 충분한 역량(임계 질량)을 갖춘 나라는 브라질밖에 없다. 일부 대담자들이 생각하기에 브라질은 급부상했음에도 자국의 역내 영향력을 제대로 발휘하지 못했으며 주도적인 역할을 수행할 전략도 없다. 다른 일부 대담자들은 브라질이 경제규모 면에서 인근 국가들을 압도하고 지역 포럼보다 세계 포럼에서 역할을 확대하는 데 점점 더 집중하고 있다고 보았다. 하지만 2008년 남단공동시장(Common Market of the Southern Cone: UNASUR) 출범과 같이 브라질이 최근 주도한 구상을 보면 역내 역할을 확대하려는 일부 야심이 드러나고 있다.

아프리카에서는 동아시아, 남미와 달리 대륙 차원에서 지역협력을 추진할 영향력과 자원을 충분히 가진 나라가 하나도 없다. 남아프리카공화국(남아공)은 '아프리카 개발을 위한 신동반자관계' 창설, 2002년 아프리카단결기구(OAU)에서 아프리카연합(AU)으로의 이행, 아프리카평화·안보구조(APSA) 수립 등에 참여함으로써 핵심적인 역할을 수행해왔다. 하지만 아프리카는 너무나 방대하고 다양해 역내 단일 지도국이 등장할 수 없다. 그 대신 콩고민주공화국, 이집트, 에티오피아, 나이지리아, 남아공 같은 몇몇 핵심 국가의 국내 발전과 대외정책 우선사항이 이 대륙의 미래를 결정할 것이라는 주장이 나왔다.

아프리카의 지역주의 전망은 역내 주요 국가의 리더십 외에 여러 가지 복합적인 요인에 달려 있다. AU, 소지역 기구 및 UN이 상호협력을 강화하면 위기관리와 평화구축에 큰 이득을 볼 것이다. 이런 관점에서 아프리카의 지역주의는 글로벌 거버넌스 도구와 자원에 의지할 가능성이 있다. 초국가적 요구에 맞는 토착 시민사회조직이 크게 발전하면 기후변화, 자원관리와 같은 이슈에 관해 실효성이 높은 지역 네트워크를 형성하는 데 기여할 것이다.

아프리카는 오랫동안 경제 세계화의 맥락에서 주변부란 말을 들었지만 오늘날은 세계의 주요 행위자들이 벌이는 자원과 시장(심지어 토지까지) 쟁탈 경쟁의 중심부다. 이와 같이 아프리카가 새롭게 중심부로 떠오름으로써 역외 파트너들을 상대할 때 지역 차원의 조정과 협력이 진작될 수 있을 것이다. 그렇지만 지역협정 밖에서 양자협정을 통해 이득을 거두려는 여러 국가 때문에 중심부로 부상하는 내부에는 단편화를 촉진하는 불씨가 들어 있을 가능성이 높다.

ㅂ 국가행위자의 활동 본격화

우리가 자문을 구한 전문가들은 세계적인 도전과제에 대응하는 일을 개별 국가가 단독으로 처리해서는 효과를 거둘 수 없다고 생각했다. 마찬가지로 초국가적 도전은 정부행위자들이 자력으로 처리할 수 없다. 정부는 매우 다양한 이해당사자에게 영향을 미치는 이슈를 해결할 전문지식, 자원 및 정당성을 결여할 때가 종종 있다. 비국가행위자는 글로벌 거버넌스의 '수요'와 '공급' 양면에서 중심적 역할을 수행하고 있다. 그들은 국제 의제를 설정하는 데 기여하고 해법을 실행하는 데 없어서는 안 될 참여자이다.

국제사회와 다자 틀이 맞이하는 위험이 너무나 복잡다단하다는 점을 고려할 때, 비국가행위자의 참여는 매우 중요하다. 기후변화, 세계적 유행병, 민감 물질·기술의 확산 등과 같은 도전을 제대로 처리하려면 역량 구축뿐 아니라 급변하는 의제에 대한 유연한 대응이 필요하다.

비국가행위자가 정책 수립자로서 활동하고 의사결정과 정책 시행에 직접 개입하는 일이 늘고 있다.

— 유럽의 전문가

글로벌 거버넌스에 기여하는 비국가행위자는 잡다한데, 여기에는 초국가적 NGO, 전문가 네트워크, 시민사회 단체, 다국적기업, 기업 결합체 등이 포함된다. 흔히 기업과 시민사회가 주도하거나 공공 당국과 연계된 민간 자선활동은 보건·교육과 같은 분야에서 중요한 성과를 냈다.

혼성의 공공 - 민간 동반자관계(PPP)는 글로벌 거버넌스 혁신의 중요한 특징으로 등장했으며, 이는 지속가능한 개발 분야에서 현저하다. 이런 동반자관계는 다중의 이해당사자와 접촉하기 때문에 앞으로 그 타당성이 더욱 커질 것이다.

매스 커뮤니케이션 혁명이 아마도— 특히 인터넷의 발명과 사용 확대가 — 거버넌스 이슈의 의제 설정 시 시민사회 단체와 여론 일반의 역할을 가일층 증대시키는 가장 중요한 수단이 되었다.

소련이 붕괴되었을 때 사람들은 이제 하나의 초강대국만 있다고 말했지만 사실은 두 개가 있다. 즉 미국과 국제여론이다.

— 두바이 싱크탱크 소속 경제학자

매스 커뮤니케이션의 역할

인터넷과 같은 신기술 덕분에 개인과 단체가 힘을 갖게 되고 비국가행위자들이 국경을 초월해 활동을 조율할 수 있게 된다. 한 참여자는 다음과 같이 피력했다.

"인터넷은 조력자로서 약자에게 이전에 할 수 없었던 일을 하도록 기회를 준다. 그것은 일종의 권력 이동을 창출한다."

세계보건 분야의 예를 보면, 중국 의사들은 2002~2003년 지방정부 당국자들이 중증급성호흡기증후군(SARS) 확산을 은폐하려 하자 인터넷을 통해 이를 폭로함으로써 베이징 당국이 결국 이 바이러스 퇴치 조치를 취하도록 했다. 색깔혁명 동안, 그리고 최근에는 이란에서 민주화 압력단체들이 인터넷을 사용해 대규모 집회를 조직했다. 이와 똑같이 역사적으로 문명과 단절된 지역 — 주로 농촌 — 에 대중매체가 보급됨으로써 거버넌스, 특히 국내 거버넌스를 개선하라는 대정부 압력이 가중되었다. 어떤 토론회 참석자는 다음과 같이 언급했다.

"미래를 예측하려면 정보와 기술이 필요하지만 이런 도구가 없는 사람들이 세상에 많다. 우리는 그런 사람들이 미래와 정책에 관심을 갖도록 도구를 갖추게 할 필요가 있다."

또한 매스 커뮤니케이션을 통한 대중의 참여 확대는 투명성 — 정직한 공개 거래 — 을 더욱 강조하는 데 중요한 역할을 담당했는게, 이는 정부에 대한 압력으로 작용했다. 사실 정부가 변화에 적응하고 더 투명해지려고 노력함으로써 참여 확대 욕구를 충족시켰다. 현대 외교에 정통한 전문가의 최근 논평에 의하면, 세상이 세계화되면서 권력의 수단 자체가 상대적 강도 면에서 다양해졌는바, 군사적·경제적·정치적 비중 못지않게 설득과 정당성을 중시해야 한다.

초국가적 도전이 범위 면에서 확대되고 국제정책 논의 시 차지하는 비중도 커짐에 따라, 비국가행위자가 전면에 나서서 제도가 변화에 적응하도록 압박해왔다. 그들은 이슈의 틀을 다시 짜고 대중을 동원하는 데 국가보다 더 효과적이지는 못해도 대등한 수준은 되며, 이런 추세는 지속될 것으로 예상된다. 국제형사법원(International Criminal Court: ICC)과 지뢰금지조약(Landmines Ban Treaties)은 시민사회 행위자들이 주도했으며 공감하는 국가의 지원을 받았다. 이 추진 운동은 UN기구를 통하지 않았으며 미국, 중국 및 러시아의 반대를 우회했다. 세계보건 영역에서 국가와 비국가행위자가 힘을 합쳐 진정한 혁명을 이뤘다. 이들의 주도로 '에이즈(AIDS), 결핵 및 말라리아 퇴치 글로벌펀드'가 설립되고 UNAIDS 같은 새로운 글로벌 거버넌스 체제가 수립되었는데, 여기에 NGO들이 참여했다. 빌 게이츠 부부가 주도하는 재단과 같은 자선재단들이 이런 상황에 핵심적으로 기여했다. 초국가적 옹호·압력단체들은 2000년 출범한 '밀레니엄 개발 목표' 등 다른 주요 거버넌스 구상과 관련해서도 추진 계기를 조성·유지하는 데 힘을 보탰다.

우리는 지리적이 아니라 수평적인 권력 이동을 보고 있는지 모른다. 우리는 글로벌 경영 엘리트의 등장을 보면서 그것이 자유민주주의의 장래와 관련해 무엇을 의미하는지 궁금해하고 있다.

— 남아프리카공화국의 참가자

비국가행위자는 의제 설정자로서 역할을 하는 데다 **지식과 전문지식**의 극히 중요한 출처이기도 하다. '국제기후변화패널(IPCC)'은 가장 빼어난 사례일 것이다. IPCC는 기후변화의 진전과 영향을 평가하기 위해 전

세겨 과학자 수천 명의 연구물을 수집하는 정부 간 과학기구다. 전문지식은 기술혁신의 함의 관리부터 식량과 자원 부족에 이르기까지 — 이런 이슈는 지속적인 모니터링이 필요하다 — 모든 분야의 국제정책 결정에서 더욱 돋보이게 될 것이다. 공중보건 분야에서 과학적인 자문은 매우 중요하다. 예를 들어 세계보건기구(WHO)는 '세계 질병발생 경보·대응 망'을 구축했다. 이 망은 60개국 이상에서 140개 이상의 과학기관이 참여해 전염병 발생의 감지·대응 임무를 띠고 국가기관과 국제기관에 경보한다. 종종 비정부 출처의 통찰과 지식 또한 평화와 안보 영역에서 매우 중요하다. 이 영역에서 현장 경험이 풍부한 NGO들은 자신들의 통찰을 통해 의사결정을 촉진하고 분쟁예방과 평화구축에 핵심적인 역할을 수행한다.

지식의 수집과 공유는 국제규범과 표준을 제정하는 데 기초가 된다. 민간 부문과 시민사회의 행동수칙이 국제기구의 표준·규칙제정 활동을 보충하거나 병행하는 경우가 늘고 있다. 기업, NGO 및 공공기관을 포함허 다수의 이해당사자가 협력하는 모습이 점차 국제표준제정 활동의 특징이 되고 있다. 예를 들어 추출산업과 같은 민감 부문에서, 그리고 커피·코코아·다이아몬드 등 일차산품과 관련해 투명성을 제고하기 위해 중요한 발의가 이루어졌다. 환경 영역에서는 산림관리협의회(Forest Stewardship Council)와 해양관리협의회(Maritime Stewardship Council)같은 인증기관이 신기원을 이룩했는데, 비국가행위자가 채택한 표준을 점차 국제 및 국가 당국이 추인하는 일이 벌어진 것이다.

또한 공공 - 민간 동반자관계(PPP)는 다자 차원에서 수립된 폭넓은 의제를 이행하는 데 역점을 둘 수 있다. 그 좋은 예는 2002년 '지속가능한 개발에 관한 세계정상회의' 이후 300개 이상의 동반자관계가 출범한 것이다. 이러한 동반자관계는 세계적 규칙 제정과 로컬 거버넌스 사이의 간극을 줄이는 데 도움이 되고 개별 국가 혹은 지역 내외의 다양한 이해 당사자를 참여시킴으로써 정치적 목적과 자원을 잇는 촉매로 작용할 수 있다.

앞으로 국가와 비국가행위자 사이의 상호작용을 확장하고 공공 - 민간 동반자관계의 성과를 높일 기회가 있다. 첫째, 신구의 정책영역에 비국가행위자를 표준제정, 모니터링, 검증 등의 작업 파트너로서, 그리고 과학 자문과 현장 경험 제공자로서 더 많이 참여시켜 이득을 볼 수 있다. 다른 무엇보다 여기에 포함되는 영역은 바이오안전과 바이오보안의 표준, 세계보건 영역 전반, 녹색기술과 이중용도 기술의 이전, 기후변화에 적응하기 위한 조치, 인도주의 위기와 국제이주의 관리 등이다.

둘째, 지금까지 이해당사자가 많은 협력은 대체로 선진국 정부와 비정부기구가 주도해 추진하고 지원했다. 이는 개도국과 신흥국의 정부와 비국가행위자가 참여하는 것을 저해했다. 이런 문제를 개선하려면 로컬 거버넌스에 중점을 두는 한편 다수의 이해당사자가 참여하는 초기단계 대화에 다양한 시각을 포함시켜야 할 것이다.

셋째, 자율규제와 공공 - 민간 동반자관계가 효과를 보려면 명료한 지침과 정확한 목표가 설정되어야 하고 정기 보고와 책임을 위한 기제가 수립되어야 한다. 이렇게 되면 국제 및 국가 차원에서 공공 당국과 민간 사이에 교류가 긴밀해짐으로써 서로 목표를 공유하고 실행할 수 있는 표준을 유지할 것이다.

유럽 협조체제* 부활

　이 시나리오에서는, 국제체제에 대한 심각한 위협 ― 가능한 예를 들자면, 다가오는 환경 재앙이나 확산 위험이 있는 분쟁 등 ― 이 세계 문제를 해결하기 위한 더 큰 협력을 촉진한다. 국제체제를 상당히 개혁할 수 있게 된다. 이러한 시나리오는 중기적으로 앞의 두 시나리오에 비해 개연성이 낮지만, 일련의 문제에 관한 전반적 협력 수준을 제고하는 탄력적 국제체제를 수립함으로써 장기적으로 가장 최선의 결과일 것이다. 미국이 점차 권력을 분점하는 한편 중국과 인도는 책임 분담을 늘리고 EU도 세계적 역할을 확대한다. 또한 경제적 격차가 축소되고 일인당 소득이 수렴함으로써 안정적인 협조체제가 장기간에 걸쳐 점진적으로 이루어질 수 있을 것이다.

* 옮긴이 주: 유럽 협조체제(Concert of Europe)는 나폴레옹 전쟁의 전후 처리를 위한 빈 회의(1814~1815)에서 수립되어 30여 년간 지속된 유럽의 국제질서로서 빈체제라고도 함.

인도 총리: 세계에서 가장 큰 신축 '글로벌 인도 국회의사당'에 오신 여러분을 환영합니다. 금번 정상회의를 주최하게 된 것을 영광스럽게 생각하며 세계 지도자들이 많이 참석해주신 데 대해 특별히 감사드립니다.

인도 월드 서비스: 모든 귀빈 여러분에게 질문을 드리겠습니다. 방금 발표한 성명서에 의하면 델리에 국제에너지기구(IEO)를 설립하는 것이 역사적인 전환점이 됩니다. 왜 그럴까요? 공허한 약속이 많았는데 우리에게 확신을 주십시오.

중국 총리: 지난해 제2차 인도 - 중국 포괄적 동반자관계 정상회의 이후 여기 다시 참석하게 되어 기쁩니다. 오늘이야말로 역사적인 날입니다. 사상 최초로 전 국제공동체가 함께 모여 에너지 시장·운송·투자에 관한 단일 규칙에 합의를 이루고 이런 규칙을 감시할 기구를 세우기로 했습니다. 저는 중국과 동아시아 경제공동체 파트너들이 이 행사의 준비회의를 주최하면서 보인 역할에 대해 자랑스럽게 생각합니다. 또한 이 기회에 수년 전 이런 모든 과정을 촉발시킨 미국 정부와 EU의 지도자들에게 찬사를 보내고 싶습니다.

미국 대통령: 오늘은 중요한 날입니다. 새로운 기구를 세워서만 아

니라 수년간에 걸친 집단 지도체제의 결과로 IEO가 탄생했기 때문입니다. 여기 계신 여러분은 모두 2018년에 우리가 어떤 상황에 처했는지를 기억할 것입니다. 당시 석유 가격은 배럴 당 300달러 한도를 넘었습니다. 이제 석유와 가스 공급은 수요를 따라가지 못하고, 2008년의 '대침체' 이후 투자는 필요한 수준에 훨씬 미치지 못했습니다. 그리고 우리는 제2차 경제위기를 맞이할 벼랑 끝에 내몰렸습니다. 당시 제 전임자가 브뤼셀에서 중국, 러시아 및 우리 EU 등맹국 정상들을 만났습니다. 그들은 전략 비축유를 대량으로 협조 공급하기로 합의하고, 최우선 투자 프로젝트를 위해 공동재정을 풀었으며, 석유수출국기구(OPEC)에 보내는 브뤼셀 서한을 기초했습니다. 이 서한은 나중에 인도, 일본 등 수십 개국의 서명을 받았으며, OPEC이 신속한 반응을 보였습니다. 그런 일은 모두 잘된 것이지만, 극적인 사태가 발생한 이후에 수습하고 그것도 거의 우연히 처리한 것입니다. 그날 밤 우리 모두 이대로는 안 된다는 것을 깨달았습니다. 오늘 그때의 희망사항이 현실이 되었습니다.

BBC: 저는 이 회의를 망치고 싶지 않습니다. 하지만 온갖 다짐과는 반대로 IEO가 화석연료에 대한 우리의 의존도를 훨씬 더 높이지 않을까요? 이산화탄소 배출에 관한 워싱턴협정은 어떻게 됩니까?

EU 대통령: 매우 중요한 점을 지적해 주셨습니다. 물론 에너지와 기후는 동전의 양면입니다. 사실 제 생각으로는 2020년의 워싱턴협정이 없었다면 우리는 오늘 이 자리에 함께하지 못했을 것입니다. 세계의 이산화탄소 배출량을 2025년을 상한으로 해서 2045년까지 절반으로 감축하기로 한 협정이지요. 정말이지 이 협정에 도달하는 데 너무 오랜 기간이 걸렸습니다. 하지만 마침내 모든 주요 오염원들이 배출량을 감축하기 위해 기속력 있는 목표를 공약하고 착착 실행 중입니다. 개도국들의 기후조약을 위한 행동(Action for Climate Treaty: ACT) 연합이 그런 결과를 가져오도록 중요한 압력을 행사했습니다. 주요 경제대국포럼에서 정치적 계기가 조성되어 에너지 효율과 재생에 대한 투자를 조정하는 새로운 협정을 추진하기로 했습니다. EU는 IEO, 국제재생에너지기구, 세계은행 및 기타 모든 유관기관을 소집해서 그들의 기획 사업을 조정하고 공동 재원 사용의 우선순위를 결정하도록 UNFCCC 사무국의 역할 강화를 추진해왔습니다. 만일 워싱턴에서 발족한 '세계 환경·에너지 모니터링 시스템'이 없다면 그런 일을 추진하는 데 많은 애로를 겪을 것입니다. 이 시스템은 우리가 대담한 결정을 내릴 수 있는 강력한 기반을 제공합니다.

뉴욕 타임스: 워싱턴협정은 경쟁 판도에 변화를 가져왔습니다. 하지만 민간행위자가 따랐습니까? 그들이 기후변화를 완화시키고 에너지 안보를 지탱하기 위해 본분을 다하고 있습니까?

미국 대통령: 대부분은 그렇게 합니다. 그런데 우리가 멍석을 깔고 남들이 뒤따르는 것은 아닙니다. 민간행위자가 많은 부문에서 선도해왔습니다. '에너지투자협의회'와 같은 공공 - 민간 동반자관계가 워싱턴협정에 이르는 길을 닦는 데 도움을 준 것은 분명합니

다. 그들은 유럽, 미국뿐 아니라 중국, 인도와 같은 신흥 대국에서 녹색 산업혁명을 지속시키도록 자원을 어떻게 이용하고 배분하는지를 보여주었습니다. 예측 가능한 규제 틀이 업계의 장기 숙원이었습니다. 우리는 조기 국내입법을 기반으로 워싱턴에서 대서양 양안의 탄소배출권 거래(cap and trade) 시스템을 구축하는 데 성공했으며 이를 곧 인도를 포함한 다른 당사국들로 확장할 것입니다.

인도 총리: 비국가행위자는 인도 등 이른바 '지구의 남부'에 속하는 많은 국가로 기술이전을 촉진하는 데 핵심적인 역할을 수행했습니다. 10여 년 전 G-20은 WTO와 세계지적재산권기구에 녹색 기술을 공유하고 공동 연구·개발을 진흥하는 법적 틀을 구축하기 의해 다중 이해당사자 과정을 출범시키도록 요청했습니다. 이산화탄소 포집·저장 시스템을 갖춘 제1세대 발전소가 가동된 것은 하나의 성과 사례입니다. 아시아와 아프리카에서 스마트 전력망을 확장하기 위한 '스마트 파트너십'은 새로운 도전입니다. 현지에서 완화와 적응 조치를 시행할 수 있는 역량을 가속적으로 배양할 필요가 있습니다. 그런데 관리들과 비정부행위자 네트워크는 멋지게 일을 해냈습니다. 3년 전 인도 남부에서 홍수가 발생했을 때, 만약 지역협력 등을 통해 효율적인 경보 시스템과 복구하기 쉬운 인프라를 구축하지 않았더라면 대재앙을 겪었을 것입니다.

아랍 뉴스: 질문을 바꿔서 지정학적 위험에 관해서 묻겠습니다. 중앙아시아의 위기에서 나타난 바와 같이 에너지 안보는 매우 쉽게 교란될 수 있습니다. 중앙아시아의 안정을 어떻게 전망하십니까?

러시아 대통령: 우리는 중앙아시아에서 모든 차원의 안보, 즉 인간 안보와 국가 안보, 에너지 안보와 경제 안보가 상호 연관되어 있다는 것을 알았습니다. 내란이 발생하자 중앙아시아에서 러시아, 중국, EU로 석유와 가스의 공급이 중단되었습니다. 이로 인해 2018년 에너지 위기가 심화되었습니다. 인근 국가에 파급될 위험이 있었습니다. 우리는 위기를 예방하지 못했습니다. 그러나 제가 볼 때 우리는 상황에 잘 대처했습니다. 우리 모두는 상하이협력기구(SCO), 북대서양조약기구(NATO), EU가 UN안보리의 작전 승인을 받아 수주 만에 그러한 협조 대응을 성사시킨 데 대해 약간 놀랐습니다. UN이 인수했을 때는 안보 상황이 개선된 뒤였습니다. 우리 SCO가 유럽 및 미주 파트너들과 가지는 지역 대화가 중앙아시아의 안정에 기여하고 있습니다. 또한 우리는 거버넌스와 법의 지배가 성장과 안정에 중요한 요인이라는 데 대해 파트너들과 의견을 같이합니다. 이것은 여러 해 전에 우리가 경제를 현대화·다변화하고 WTO에 가입하기 위해 취한 길입니다. 지난 10년 동안 우리는 지속적인 성장률을 달성했으며 국내총생산(GDP)에서 에너지 수출이 차지하는 비중도 감소했습니다. 우리가 오늘 채택한 IEO 헌장은 전 세계 에너지 부문에서 책임성과 예측가능성을 높여줄 것이며 기업 환경을 개선하고 경제성장을 부추길 것입니다.

제 4 장

불확실한 미래

우리가 평가하기에 다양한 다수의 틀을 제도적으로 철저히 개혁하고 혁신하지 않는 한, 아무리 유연한 틀이라도 부지기수로 늘어날 초국가적·세계적 도전에 맞서나가기에 충분하지 않을 것이다. 현재와 같이 땜질식으로 제도를 개선할 수 있는 역량은 — 앞으로 비정부행위자의 지지와 지역적 기제가 늘어남으로써 받는 뒷받침이 아무리 크더라도 — 향후 수십 년 동안 세계 질서가 당면하게 되는 여러 가지 도전의 유형에 따라 한계에 이를 것이다. 몇몇 골칫거리 — 취약국가, 실패국가 및 자원 이슈 — 는 대대적인 거버넌스 혁신 없이는 효과적으로 처리될 수 없을 것이다. 이런 골칫덩어리들을 다룰 수 있는 종합적인 틀이 없기 때문이다. 또한 가시권 밖의 이슈들 — 이주, 북극, 바이오기술 — 은 중요성이 증대되고 더욱 높은 수준의 협력을 요할 것이다. 아래 논의하는 이슈들은 예방 활동이 더욱 필요하기 때문에 다자협력이 힘든 주제다. 예방 활동은 장래의 도전과제에 대한 평가를 공유하고 각국의 조치 시행을 면밀하게 모니터링하는 것이 요구되기 때문이다. 현행 여건에서 위험성이 명명백백하게 드러나지 않는 이슈에 대해 협력을 강화하기란 특히 어려울 것이다.

> 미래에 관해 논하자면 일직선으로 진행되지 않고 갈지자 모양으로 위아래로 움직이는데 어쩌면 불연속성과 예상 밖의 일들로 점철될 것이다.
>
> — 걸프 지역의 참가자

취약국가와 실패국가[1]

각종 연구기관이 내놓은 수많은 보고서에 의하면 저소득 개발도상국 중 취약성이 높아지고 있는 국가가 많으며 분쟁이 격화될 가능성이 있다. 특히 내전이 완전하게 해결되지 않은 나라에서 그렇다. 설령 세계화로 — 특히 일차산품 가격 상승으로 — 이득이 늘어났다고 할지라도 국내에서, 그리고 국가 사이에 소득 격차가 벌어짐으로써 어려움이 가중되었다. 이런 국가들 가운데 출생률이 여전히 상대적으로 높아 한정된 국가 자원에 압박이 가중되는 국가가 많다. 빈곤하고 글로벌 시스템과 경

---

1 이 절에서 국가실패와 내란에 관한 분석 전개는 메릴랜드대학교 국제개발 및 분쟁 관리 센터, 스톡홀름 국제평화연구소(SIPRI)에서 발간된 자료에 의존했다. 데이비드 스티븐(Riverpath consultancy), 알렉스 에번스(뉴욕대학교), 알렉산더 밴 드 푸트(PFC), 배리 휴 교수(덴버대학교), 베이츠 길 박사(SIPRI)의 용역 조사보고서는 이 절에 추가 통찰을 제공했을 뿐 아니라 다른 절에서 자원 이슈(식량, 물, 에너지) 및 당장 눈에 보이지 않는 이슈에 관해 통찰을 제공했다.

제적 연계가 취약한 데다 거버넌스가 제대로 이루어지지 않고 인종 또는 부족 분열이 해소되지 않은 경우도 흔하다.

> 기후변화와 자원부족 폭풍에다, 자동적으로 생활방식을 바꾸고 자원소비를 늘리는 경제성장 폭풍이 겹친 엄청난 태풍이 몰려오고 있다고 생각하는 사람들이 있다.
>
> — EUISS 소속 선임연구위원

기후변화에 관한 연구에 의하면, 점증하는 환경 압력으로 다수의 최빈국이 매우 심한 타격을 받고 있다. 전문가들이 보기에 아프리카, 남아시아, 중앙아시아 및 중동에서 무력 충돌이 일어나고 불안정이 증대될 위험성이 매우 높은 상태에서 더 높아지고 있다. 연구에 따르면 취약극가나 실패국가 — 그중 많은 국가가 이런 상태를 벗어나려고 발버둥치고 있지만 — 를 이웃에 둔 국가는 그들로부터 파급되는 영향을 많이 받으며 자신도 실패국가로 전락할 위험이 커지고 있다. 에티오피아, 방글라데시, 파키스탄 또는 나이지리아[2] 규모의 인구가 많은 국가가 내란 상태에 처하거나 붕괴하게 되면, 현재 수단이나 소말리아 같은 소국이 제기하는 문제도 풀기 어렵다는 점을 감안할 때, 국제사회의 분쟁관리 활동으로는 수습이 불가능할 것이다. 인구가 2,800만인 아프가니스탄

---

2 국가위험도를 평가하는 5대 주요 프로젝트가 모두 이들 인구대국 전부를 세계에서 가장 취약한 국가군에 포함시키고 있다. 5대 프로젝트는 브루킹스연구소의 국가취약성지수, 칼레턴대학교의 외교정책을 위한 국가지표·취약국가지수, 평화기금 실패국가지수, 골드스톤·마셜 국가취약성지수, 국제개발·분쟁관리센터(메릴랜드대학교)의 평화와 분쟁 불안정 기록부이다.

과 인구가 3,000만인 이라크는 지금까지 분쟁관리가 시도된 국가 중에서 인구가 가장 많은 사례에 속하며 실제로 분쟁관리의 어려움이 입증되고 있다.

취약국가에 대한 대규모 지원활동에서 역내 기구가 한 일은 비교적 보잘것없다. 북대서양조약기구(NATO)와 EU의 활동은 접어두고, UN과 아프리카연합(AU)이 다르푸르 사태 시 공동으로 대규모 활동을 전개하기에 앞서 AU가 제한적이지만 과감하게 초기 대응한 것은 부분적 예외다. 서아프리카국가 경제공동체(ECOWAS)는 서아프리카 사태에 대해 신속하게 대응하면서 중요하지만 비교적 간단한 역할을 수행했다. 동남아시아국가연합(ASEAN)은 평화유지 역량이 없으며, 아랍국가연맹의 유일한 공식 평화유지활동은 사실 타이프(Ta'if)협정 체결 이후 시리아의 대규모 레바논 개입을 포장하는 가장구실이었다.

아프가니스탄 사태에 대한 대응은 새로운 국면으로 발전했는데, 곧 국제안보지원군(International Security Assistance Force: ISAF) 참가국이 실질적인 양자방식의(bilateral) 개발 및 민사작전 병과를 창설한 것이다. 지금까지의 활동 결과는 실제보다 마음이 앞섰다. 전문가들이 보기에 양자방식 역량의 취약점은 UN기구 산하로 통합된 역량에 비해 상호 조정이 부족하고 효과적인 교훈학습 경험을 상당히 결여한다는 점이다.

신흥 강국들은 그 나름대로 역할을 증대해왔다. 인도는 아프가니스탄에서 미국, EU에 이어 세 번째로 큰 개발 지원국이다. 브라질은 아이티에서 UN 평화유지활동을 주도하고 있으며, 중국은 주로 UN을 통해 활동적 역할을 확대하기로 했다.

예방은 지극히 어렵다. 위험성이 높은 상황일수록 이전보다 더 정확하게 예측해야 예방적 대응을 위한 외교적·정치적·경제적 조치를 취할 수 있다. UN, 주요 강대국 및 지역기구는 협상을 통한 해결을 중재함으로써, 그리고 해법 이행에 평화유지군을 사용함으로써 그런 상황을 억제하는 데 점차 성공하고 전문지식을 축적하고 있다. 발칸 반도에서 미국, 유럽 및 NATO의 활동이 바로 그런 모습을 보여주었다.

분쟁을 예방하려면 정치적 직접 개입이나 최후수단으로서 군사력 위협 또는 사용이 필요할 때가 종종 있다. 분쟁 예방 활동은 지지부진할 때가 많았는데 그 이유는 국제공동체가 타국에 대한 주권 침해를 우려, 직접 개입을 꺼렸기 때문이다. 그 결과 상당한 유혈사태가 발생한 연후에 거우 분쟁이 중단되는 경우가 종종 있었다. 신흥국가의 많은 전문가들은 자국 정부가 UN헌장 제7장에 따른 안전보장이사회의 위임 없이 '서방'이 주도하는 개입에 대해서는 참여하기를 꺼린다고 생각했다.

러시아, 중국, 인도 및 남아공이 취하는 취약국가 접근방법에 관해 브루킹스연구소, 뉴욕대학교와 스탠포드대학교가 공동으로 연구한 바에 의하면, 이들 신흥 강국은 국가 취약성을 예방적으로 관리함으로써 생길 결과에 대해 뿌리 깊이 우려하고 있다. 이들 나라는 자국 인근에서 분쟁이 국제화될까 봐 겁내고 있다. 그러나 그들은 분쟁 국제화에 대한 두려움과 함께 개입이 실패할 경우 발생할 결과에 대한 두려움도 갖고 있어 균형을 잡는다. 이 프로젝트에 참가한 연구자들은 과거 미국과 NATO가 이라크와 아프가니스탄에 개입한 데 대한 최종 평결은 신흥 강국들이 장차 개입을 요구받을 때 얼마나 전향적 태도를 보일지에 영향을 미칠 만큼 멀리까지 파급될 것이라고 주장한다.

단약 2025년까지 우리가 실패국가에서의 인도주의 대의를 위한 신속한 군사개입을 합법화하지 못한다면 세상이 슬퍼질 것이다. 우리가 정상적인 사

람들을 고통에서 구해내기 위해 군사개입 부대를 신속하게 파견하려면 새
로운 법제도가 필요할 것이다.

— 일본의 참가자

활동 지속도 어렵다. 장기적으로 볼 때, 분쟁이 끝난 후 재건과 화해
활동을 지속하면 분쟁 재발 위험을 감소시킨다. 금세기 초 무력 분쟁은
현저하게 감소 추세를 보였는데, 부분적인 역행도 있었다. 왜냐하면 콩
고민주공화국과 소말리아 같은 나라에서 이전에 휴면상태였던 무력 분
쟁이 재발했기 때문이다. 분쟁이 재발하는 중요한 원인은 부진한 경제
성장, 시기를 놓친 국제원조, 사회개혁에 대한 무관심 등이다.

신흥 강국들로부터 정치적·경제적 개입 증대를 기대할 수 있지만 —
부분적으로 그들의 세계적 이해관계 증대를 반영함 — 그들의 참여는 더 조
율된 다자 틀을 거치지 않고 특별 케이스로 이루어질 가능성이 높다. 다
수의 신흥국가에서 평화 활동에 관여하는 인사와 무역·투자를 주도하
는 인사 간에는 접촉이 드물다. 이런 현상은 미국과 EU에서도 많이 볼
수 있는데, 이는 안정화와 평화구축을 위한 노력에 방해가 된다.

서로 얽힌 자원 이슈들

에너지, 식량 및 물이 상호 연관된 자원 이슈들은 여러 학문 분야를
아우르는 체계적 노력이 필요한 가장 전형적인 예일 것이다. 개별 국제
기관의 역할은 불연속의 사안별로, 특히 개별 국가에서 발생하는 인도
주의적 긴급사태에 대응하는 것이다. 상관성 있는 식량과 물의 부족, 에
너지 공급의 변동성 증대 등의 추세를 관리할 종합적인 틀이 존재하지

않는다. 또한 기후변화 때문에 다가오는 식량과 물 부족 사태가 더 악화될 뿐 아니라 화석연료에서 청정연료로 더 시급하게 전환해야 된다.

자원 부족의 심화에 따른 충격이 비교적 개방적인 현행 국제체제를 훼손할 수 있다는 점에서 이해관계가 크게 걸려 있다. 강대국들이 안정적인 자원 공급을 확보하기 위해 벌이는 경쟁으로 말미암아 무역, 평화유지 등 다양한 이슈에 걸쳐 이루어진 협력이 붕괴될 수도 있다. 게다가 자원 부족으로 인해 빈곤국들이 가장 큰 타격을 받게 될 것인바, 이 때문에 최악의 경우 국내 또는 국제분쟁이 발생하고 지역 불안정으로 파급될 것이다.

앞으로 15년 동안(2010~2025년) 세계 전체의 곡물 수요는 크게 증가할 것으로 예상된다. 이는 아시아, 아프리카와 중남미에서 인구가 7억 명 늘어나고 단백질 식품에 대한 선호가 증가하며, 대체연료로 곡물을 원료로 하는 바이오연료 수요가 증가할 가능성이 높기 때문이다. 공급 측면을 보면 세계의 기후변화 추세로 인해 일부 지역의 농업생산성이 떨어질 가능성이 있다.

국제적으로 인정된 척도에 따르면, 2010년에 경작지 또는 담수가 부족하다고 평가된 국가는 21개국인데 그 인구는 약 6억 명에 달한다. 이런 국가들은 현재의 기술과 투입비용으로는 식량자급수준에 훨씬 못 미치는 형편이다. 인구성장 추세로 볼 때 2025년에 가면 추가로 15개국이 이런 국가군에 속하게 될 것이다. 그때 가면 14억 명이 거주하는 36개국이 경작지 부족에 시달리게 될 것으로 예측된다.

식량 부족 사태를 유발하는 주요인은 물 부족 상황이다. 물 사용은 식량 생산과 밀접하게 연관된다. 오늘날 세계 식량 공급의 40%는 관개되는 농지에서 생산되고 있지만, 물의 사용 측면에서 대부분의 관개가 매

우 비효율적이다. 인구와 1인당 평균 물 사용이 늘어남에 따라 지구 전
체적으로 취수되는 담수의 양도 매년 늘어나 1900년 579km^{3}에서 2000
년에는 3,973km^{3}로 증가했다. 앞으로 수요가 더욱 증가해 2025년에는
5,235km^{3}에 달할 것으로 예상된다. 생활용수 부족이 지속가능한 한계
를 초월한 지역에 거주하는 인구가 10억 명을 넘는다. 2025년에 가면
이 인구가 18억 명에 달하며, 세계 인구 중 2/3가 물이 부족한 여건에서
생활하게 될 것이다. 이런 나라들은 대부분 비OECD 국가이다. 기후변
화로 인해 강수 패턴이 바뀌고 인구가 많은 지역 다수가 더욱 건조해짐
에 따라 물 부족 문제가 심화되는 지역이 많을 것이다.

> 자원 부족 문제가 글로벌 거버넌스의 대상이 될 것인지 여부는 진짜 중요한
> 질문이다. 내 생각으로는 그렇게 되지 않을 것이다. 부족한 자원 확보 경쟁
> 은 지속될 것이다. 중국은 자원 확보 노력을 포기하지 않을 것이며 인도도
> 마찬가지다.
>
> — 인도 싱크탱크 소속 발표자

석유 소비국이나 생산국을 막론하고 모든 나라가 여러 차례 오일 쇼크
가 발생한 지난 40년 동안 극심한 교란을 겪었다. 탄소 배출이 적은 연료
로 원활하게 전환할 수 없게 하는 여러 가지 교란을 포함해 교란 형태도
가지가지였다. 유가 변동성 때문에 비전통적 에너지원과 재생 에너지에
투자를 했다가 중단하게 되고, 환경에 미치는 영향과 상관없이 안전한 국
내 에너지원으로서 석탄에 대한 의존도가 증가했다.

에너지 관련 현행 기구들은 회원국의 당면한 이해관계를 다루기 위
해 설립된 것이지 에너지 생산국과 소비국으로 이루어진 세계 공동체의

장기적인 이해관계를 위한 것이 아니다. 석유수출국기구(OPEC)는 석유 생산국을, 국제에너지기구(IEA)는 석유·가스 소비국을, 국제재생에너지 기구(IRENA)는 석유·가스 대체재 생산국을 각각 대변한다. 공동 목표에 대한 더 많은 합의를 가능케 하는 거버넌스 틀이 만들어진다면 가격 변동성을 줄일 수 있고 이산화탄소 포집·분리 등 대체기술 분야에서 대형 공동연구·개발이 가능할 것이라고 전문가들은 생각한다.

물·식량·에너지와 같은 필수품 공급이 더욱 곤란해진다고 해서 자원 쟁탈전이 불가피한 것은 아니다. 역사적으로 보면 예방 조치가 효과적으로 취해진 사례가 수없이 많지만, 최악의 사태를 회피하려면 위기가 닥치기 전에 인식을 같이하고 틀을 마련하는 것이 요구된다.

'가시권 밖의' 글로벌 거버넌스 이슈

다자간 협조 활동이 별로 전개되지 않은 다른 종류의 이슈도 앞에 놓여 있다. 가령 이주, 북극, 바이오기술 혁명 같은 문제가 여기에 속한다.

- 제2차 세계대전 이후 다자주의에서 이주 문제가 주변 역할을 한 것은 중요성이 없어서라기보다 문제의 성격상 논란을 일으킬 수 있었기 때문이며, 만일 국제적 감독이 행해진다면 국민국가의 핵심적 주권, 즉 국경통제에 도전하는 것이 되기 때문이었다. 경제적 이주자를 끌어들이는 신흥 강국들의 흡입력이 강해지면서 이주 문제가 뚜렷한 초국가적 이슈로 떠오를 공산이 크다.
- 북극에서는 기후변화로 인한 여러 가지 가능성이 이제 열리고 있을 뿐이다. 지역협력이 시작되었지만 환경 위험을 통제하고 경쟁 대신

초국가적 협력을 증진하기 위해 관련국들이 합심하는 노력이 더욱
요구된다.

- 바이오기술은 북극문제와 같이 새롭게 등장한 이슈이다 — 이 경우
기술 혁신, 그리고 발견물이 최종 용도에 따라 극도로 유익하거나
유해할 가능성 때문에 그렇다. 다자간 협력을 달성하기란 지난한
과제일 것이다. 왜냐하면 붐을 이루는 기술 현상을 규제하는 활동
에 다수의 비국가행위자가 참여할 필요가 있기 때문이다.

이주는 경제적 상호의존성을 증대시키고 고령인구가 많은 국가와 적
은 국가 사이에 인구분포상의 과제를 조정할 잠재력을 지니고 있다. 경
제가 급속도로 발전하는 신흥국가들은 경제적 기회에 이끌린 이주자들
을 점점 더 많이 받아들일 것이다. 하지만 이주자들은 교란 세력으로도
작용함으로써 세계화에 긴장상태를 조성하며, 급격한 경기후퇴와 같이
다른 요인에 의해 발생한 위기를 악화시킬 잠재성을 가지고 있다.

이주의 흐름이 더욱 복잡한 양상을 띰에 따라 많은 국가들이 인종적
다양성이 갑자기 증가하는 현상을 겪고 있다. 미국과 같은 정착국은 이
민 유입률이 높아 미래의 인구변동 궤도가 상방으로 이동했다. 많은 개
도국에서 결국 '두뇌 유출' 수준이 자국의 경제 전망에 타격을 줄 정도
로 높았다. 역으로 이주자들의 송금 수준이 1990년 이후 급격히 높아졌
다. 그런 송금은 '해외' 또는 외부로부터 받는 지원 가운데 가장 효과적
인 형태라는 것이 일반적 시각이다.

2025년이나 2040년 시점에서 뒤돌아본다면, 급격한 기후변화와 유럽과 러
시아의 인구분포 변화로 발생할 여러 가지 일 중 하나는 세계적 이주 물결

의 재현일 것이다.

— 남아프리카공화국의 참가자

이주 관련 국제협력은 대체로 미약했는바, 국가 주권에 대한 우려가 높아지고 있기 때문에 협력 확대를 가로막는 장애물이 상당 부분 존속될 것이다. 그럼에도 거버넌스 틀이 부재하다는 것은 관련된 인도주의 문제를 포함해 위기를 다룰 수단이 제대로 갖춰져 있지 않다는 것을 뜻한다. 이주 관리를 개선하려는 시도를 하지 않으면 그에 따른 위험은 크다. 초국가적 긴장이 증대되고 세계화에 대한 논란에 방아쇠를 당길 잠재성도 이런 위험에 속한다.

핵심적인 도전과제 다수가 신흥국가와 취약국가에서 발생할 것이다. 신흥시장은 이주자들의 중요한 목표가 될 것이다. 신흥국가들은 제도적 정비가 경제력 신장을 따라가지 못하고 사회가 더욱 다양화됨으로써 더 큰 사회문제가 야기될 가능성이 있다. 한편 빈곤 국가들은 자국민의 대량 유출을 효과적으로 관리한 경험이 별로 없다. 일부 국가는 이미 고숙련 인력의 손실을 감내할 수 없는 지경에 이르렀다. 다른 국가들의 경우에도 — 심지어 잘사는 국가에서도 — 유입되는 이주자가 늘어남으로써 인종적 단층선에 따라 긴장이 고조될 잠재성이 상존할 것이다.

기후변화 결과로 북극이 개통될 잠재성은 다자간 협력을 할 것인지, 혹은 경쟁을 벌이고 분쟁을 유발할 '큰 게임(great game)'을 벌일 것인지 양자택일하는 시험 케이스로 여겨질 수 있다. 기후변화와 신기술은 자원개발과 경제활동을 증대할 기회를 창출할 것이며 경쟁 격화를 유발할 것이다. 관련국들이 북극을 관리하기 위해 택하는 방식은 그들이 과연 주권 분규를 해결하고 바다와 해저에 적용되는 현재의 국제법 틀을 향상시킬 수 있는 능력이 있는지를 시험하게 될 것이다. 아울러 관련국들이 이 지역이 과도하게 군사화되는 것을 방지하는 결의를 가졌는지를 시험하게 될 것이다. 북극 개통이 제기하는 다양한 도전과제를 처리하는 데는 적절한 거버넌스 기제가 필요하다. 하지만 상이한 이해관계와 도전과제의 성격을 고려할 때, 이런 기제는 모든 것을 아우르는 조약에 비해 더 유동적이고 더 특별할 것이다.

현재는 바이오기술 혁명이 제기하는 위험을 감소시키는 데 필요한 조치에 관해 과학 공동체, 산업, 정부에 걸쳐 종합적으로 다룰 포럼이 전혀 존재하지 않는다. 적대적인 의도를 가진 자들이 새로 개발된 제제(agent)에 좀 더 쉽게 접근함으로써 바이오테러 위협이 증가하고 있다. 기존의 탄저병, 보툴리누스균과 같은 바이오 제제는 이미 극도로 심각한 위협이다. 기존 생물체를 개량해 공격능력을 갖춘 새로운 제제를 개발하는 것은 심각한 문제를 제기하고 있다. 개발 비용이 급격하게 하락함에 따라 해커 집단이 바이오기술을 입수할 수 있게 될 것이며, 다른 한편으로는 관련 기술이 전파되어 전문지식과 물질 유출을 증가시키게 될 것이다.

또한 바이오기술은 — OECD는 이 기술이 회원국들의 국내총생산(GDP)을 증대시킬 잠재력을 갖고 있다고 생각한다 — 새로운 형태의 인간 행동과 결사를 추동함으로써 다문화적 윤리 문제를 심각하게 제기할 것이다. 이 윤리 문제는 정치적으로 논란이 커질 것이다. 이런 도전에 대응하는 데 현재와 같은 거버넌스 도구가 적합하다고 생각하는 전문가는 별로 없다. 예컨대, 결손 유전자를 제거하려는 목적에서 인공수정 시 DNA를 직접 변형시키는 연구가 광범위하게 이루어지고 있다. 하지만 미래 인간의 역량에 대해 논의되는 것을 보면 고유의 신체적·감성적·인지적 능력을 가진 인간을 설계할 수 있는 가능성까지 열어놓고 있다.

바이오기술은 민·군이 모두 사용할 수 있는 이중용도 잠재성을 갖고 있기 때문에 현재 개발된 내용과 새로 개발된 것을 규제하고 통제하는 임므는 복잡하기가 이를 데 없을 것이다. 각국 정부가 다른 정부를 능가하기 위해서는 수많은 민간행위자와 공동 작업을 할 수 있는 유례없는 역량을 필요로 할 것이다. 민간행위자 다수는 전통적인 규제를 잘 받아들이지 않을 것이다. 또한 각국 정부의 위협 인식도 서로 다르다. 최빈국들은 현재 전염병이 미치는 영향에 대해 가장 염려하고 있다. 부유한 나라들은 신종 질병에 대한 취약성 또는 바이오 제제의 적대적인 사용에 대해 걱정을 더 많이 한다. 신흥 강국들은 자국의 미래 비교우위가 견고한 기존 주도국이 별로 없는 부문에 있을 것으로 기대하고 있다. 그래서 중국과 인도는 바이오기술에, 브라질은 바이오연료에 집중 투자하고 있다. 이들 국가는 엄격한 국제규제를 자신의 손발을 묶는 '보호무역주의' 조치로 여길 것이다.

협력보다 분쟁이 지배하는 난장판

이 시나리오는 개연성이 가장 낮지만, 전혀 배제할 수는 없다. 국제체제는 특히 중국과 같은 신흥 강국에서 일어나는 국내 교란 때문에 위협을 받는다. 중국이 휘청거리고 세계경제는 침체에 빠진다. '풍족한 생활'에 대한 중산층의 열망이 좌절됨에 따라 민족주의 압력이 증가한다. 자원과 고객을 확보하려는 경쟁이 치열해지면서 미국과 중국 간뿐 아니라 브라질, 러시아, 인도 및 중국(BRIC) 간에도 긴장이 증가한다. 의심과 긴장으로 인해 세계 제도의 개혁이 불가능하게 되고, 특히 아시아에서 싹트는 지역협력 노력도 저해된다.

2021년 여름, 나는 — 외교관 생활이 지루하다고 인정하는데 — 몇 주 동안을 오스트레일리아의 퍼스에서 홀로 외롭게 지내고 있다. 조류독감이 새로이 발생, 방역 조치가 신속하게 취해졌음에도 확산되어 거의 모든 주요 공항이 폐쇄되었다. 나는 연차 휴가가 끝나기 전에 유럽으로 돌아가려고 애쓰고 있으나 대부분의 항공연결이 끊겼다. 시간을 보내기 위해 세계적인 사건들을 되돌아본다.

현재의 국제 정세는 '피스 히어로(Peace Hero)'라는 컴퓨터 게임과 묘하게 유사한 양상을 띠고 있다. 나는 수년 전 아들과 같이 이 게임을 자주 했다. 대부분의 게임과 달리 이 게임은 함께하는 참가자와 협력 방안을 찾아내면 점수를 따도록 되어 있는데, 모두 다 주요 국가 혹은 국제기구의 역할을 맡았다. 예를 들어 — 현재 창궐하고 있는 것과 다르지 않은 — 전 세계적인 유행병이 나돌고 비상 백신을 제공할 수 있는 나라를 찾는 일이 문제였다. 실제로 게임은 신속하게 UN안전보장이사회 결의안을 만들어 발 빠르게 투표와 행동으로 옮겨지도록 한다. 이 게임이 베스트셀러는 아니었지만 나로서는 특히 플레이어들이 게임의 의도된 목표를 어떻게 왜곡하는지를 보는 데 묘미가 있었다.

그것은 마치 인간의 본성이 파멸에 이르는 것과 같았다. 협력을 하면 보상이 가장 큰 데도 경쟁심이 압도했다. 에너지 시나리오의 경우, 참가자들은 석유공급 확보를 위한 경쟁으로 끝장을 본다. 대체 에너지에 대한 기술혁신을 선택하면 보상을 훨씬 더 많이 받는

데도 그렇게 끝장을 본다. 내 아들은 ─ 당시 약간 반항적인 10대였는데 ─ 경쟁심이 강렬했다. 나와 협력하지 않고 제 갈 길을 갔다.

일단 경쟁심이 발동하면 대결이 불가피하다. 나조차도 때에 따라서 피가 끓어오른다는 것을 인정하지 않을 수 없다. 왜 내 아들은 게임이 정한 규칙을 받아들일 수 없었을까? 규칙은 모든 사람을 위해 좋은 것인데. 아들이 몇 번인가 BRIC 역할을 할 때 나는 그를 쥐고 흔들 수 있다고 생각했다. 중국경제가 타격을 입은 반면 서방 경제는 드디어 회복되었다. 하, 이것 봐라. 내 아들이 더욱 적대적이 되었네. 그가 말하기를 중국은 과거의 잘못된 행동으로 보아 공손하게 굽힐 생각이 없다는 것이었다.

내 생각에 아들은 그런 일을 돌이켜볼 좋은 사례를 알고 있다. 민족주의가 다시 지난 10년 동안 크게 유행했다. 우리가 얘기하던 것들 ─ 다자주의, 국경 없는 의사회, 우리 모두를 묶는 새로운 인터넷 사회 ─ 이 모두 무슨 소용이 있었는가? 대침체 이래 지난 10년 동안 수많은 것들이 휩쓸려갔다. 서방은 신흥 강국에 분통을 터트리고 있다. 미국조차도 헤매고 있는데 이들 국가의 경제는 성장을 지속하고 있으니 말이다. 아프가니스탄에서는 동맹국들이 안정화에 노력을 기울였지만 경제적인 이득은 주로 중국이 거두어 갔다. 아프가니스탄의 광물자원은 서방 회사가 아니라 중국 회사들이 개발했다. 중국이 그런 경제적인 개가를 올린 것이 미국에서는 정치적 문제가 되고 미 - 중 갈등의 수위가 높아졌다. 여기서 나는 제1차 세계대전이 발발하기 이전 독일의 힘이 커질 때 영국과 프랑스 국민이 어떻게 느꼈을까 하는 데 생각이 미쳤다. 이런 상황에 처해 상념이 많다. 중국이 미국과 완전히 동등하다면 모르겠지만 미국이 세

게에 공급한 모든 '공공재'에 대해 알 바 없다는 중국의 배은망덕한 태도에 대해 미국 국민의 분기가 충천했다. 중국이 지금과 같이 발전한 것도 그런 공공재 덕인데 말이다.

신흥 강국들은 그 나름대로 기존의 국제체제가 낡아빠지고 아무런 정당성도 갖지 못했다고 보고 무시했다. 환경과 자원 문제가 대두되어도 그들을 보호하지 못하는 체제가 도대체 무슨 쓸모가 있느냐 하는 것이었다. 식량가격은 치솟아 2008년 정점을 훨씬 넘어섰다. 신흥 강국을 포함한 각국 정부는 자국민을 위해 적정한 공급과 합리적인 가격을 유지하려고 진력했다. 일기(日氣)가 계속 극단적으로 불순해 식량 문제가 더욱 어렵게 되었다. 아시아의 도시들은 최근에 발생한 태풍과 함께 밀려온 거대한 쓰나미에 매우 취약하다. 교토협정 후속 기후변화협정이 2012년 타결되지 못했다. 두 편으로 나뉘어 비난과 맞대응이 난무했다. 한편은 미국을 주축으로 했고 다른 한편은 중국, 인도, 브라질 및 대부분의 개도국이었다. 국가의 존립이 위태로운 작은 섬나라들은 배제되고 무시되었다. 이것만으로도 국제 분위기를 흐리기에 충분했다. 우리는 거의 단검을 빼들 지경에 이르렀다고 해도 과언이 아니다. 조그만 사건이 터져도 대규모 충돌이 발생할 것 같다. 이 게임이 어떻게 진행될지 모르겠다……

미래의 기회와 한계

글로벌 거버넌스가 주권에 대한 광범위한 우려, 엇갈리는 이해관계, 현행 제도의 효과성에 관한 뿌리 깊은 불신 등으로 인해 '세계 정부'를 지향할 형편은 아니다. 그러나 비국가행위자뿐 아니라 늘어나는 국제·지역·국가행위자 사이에 더욱 효과적으로 협력을 제고하는 것이 가능하고 필요한데, 그것은 특히 우리의 미래 도전과제들이 더욱 밀접하게 서로 연결되어 있기 때문이다. 우리는 이러한 매개변수를 감안해 여러 가지 시나리오의 개요를 서술했는데, 그 어느 것도 '완전한 세계'를 보장하지 않는다. 첫 번째 시나리오(명맥 유지)와 세 번째 시나리오(협조체제 부활)는 예방 조치와 사전 숙고를 통해 최악의 결과를 피한다. 두 번째(단편화)와 네 번째(분쟁)는 우리가 지난 반세기 동안 이룩한 진전 — 극빈층 축소, 국가 간의 대규모 분쟁 감소 등 — 을 후퇴시키는 시나리오다. '단편화' 및 '분쟁' 시나리오는 개연성이 높지 않지만 무시할 수 있을 정도로 무의미한 것은 아니다. 국지적 교란이 전 세계에 영향을 미치고 예방 조치를 마련하기가 힘든 세상이기 때문이다.

　　최근의 금융위기는 각국과 세계·지역 기구로 구성된 매우 다양한 집단이 제2의 대공황 도래를 피하기 위해 뭉칠 수 있음을 보여주었다. 우리와 접촉한 신흥 강국의 많은 전문가들이 글로벌 거버넌스 체제가 안고 있는 도전과제와 부족함을 인정한다. 그러나 우리가 토론한 결과에 따르면, 다자제도가 현재의 권력재편 실태를 반영하는 방향으로 정당성을 확보하는 것이 미래 위험의 '중핵'을 효과적으로 처리하는 것 못지않게 중요한 개혁 목표가 되어야 한다. 우리가 남들의 견해를 조사한 바에 따르면, 미국과 EU가 앞장서서 개혁을 주도하고 글로벌 거버넌스 의제·제도를 쇄신하는 역할을 단기적으로 계속할 것 같다. 그러나 우리는 대부분의 신흥 강국 엘리트들이 더 '글로벌하게' 생각하고 더 큰 책임분담을 준비하고 있다는 느낌을 내내 강하게 받았다. 그들의 참여는 거버넌스 틀의 적응·혁신 방안이 성공하는 데 긴요할 것이다. 게다가 종전처럼 비국가행위자도 글로벌 거버넌스 체제의 개혁과 관련해 잠재적 문제점을 파악할 뿐 아니라 해법을 찾는 데도 중요한 역할을 계속할 것 같다. 글로벌 거버넌스 개선에 필요한 핵심 요소들은 가까이 있다. 그러나 그러한 요소들을 효과적이고도 정당성 있는 새로운 체제로 변환시키는 것은 큰 도전일 것이다.

부록

부록 A: 글로벌 거버넌스에 대한 세계의 견해

이 분석 보고서를 작성하기 위해 우리는 정부와 싱크탱크 지도자들, 업계 및 비정부기구(NGO) 대표들, 학자, 기타 전문가들을 만났다. 대상 국가는 일본, 중국, 아랍에미리트(UAE), 인도, 남아프리카공화국(남아공), 브라질, EU, 그리고 미국이었다. 아래에 글로벌 거버넌스에 관한 대담자들의 국가적 또는 지역적 견해를 요약했다.

브라질. 최근까지 브라질에서는 글로벌 거버넌스가 큰 화두로 등장하지 않았다. 브라질 외교정책의 지배적인 '모체'는 남북 격차이다. 이 정책은 변화하고 있는데 그 주된 이유는 브라질이 국제경제, 에너지, 기후변화에서 수행하는 역할이 더 커졌기 때문이다. 그렇다 해도 브라질은 계속해서 많은 이슈를 남북 격차의 렌즈를 통해, 그리고 선진국에서 개도국으로 권력을 재분배해야 될 필요성을 통해 볼 것이다.

한 참가자는 다음과 같이 언급했다. "브라질의 입장에서 보면 거버넌스 간극은 개도국이 부상하는 시기에 선진국이 너무 많은 권력을 장악하고 있다는 것이다." 다자기구는 "만약 신흥 강국의 역할을 인정하지 않는다면 제대로 일을 할 수 없다는 게 브라질의 관점이다". 브라질 사람들이 볼 때 거버넌스 간극은 사실 정당성 간극이다. 효과를 거두려면 신속한 의사결정만이 능사가 아니라 더욱 폭넓은 여론을 통합해야 한다.

일부 전문가들은 브라질 정부가 '구식' 다자주의를 선호한다는 데 주목했다. 이 다자주의에서는 국가가 중심이고 비국가행위자의 활동 여지는 없으며 인권, 민주주의와 같은 보편적 가치가 중심적인 역할을 하지 못한다. 그럼에도 글로벌 거버넌스와 연관된 이슈가 브라질 사회에서 점차 부각되는데, 그것은 부분적으로 기후변화에 대한 대중의 논의와 금융위기가 미친 영향 때문이다. 지속적인 성장을 보장하기 위해 국내 시장과 지역협력이 더욱 중요해질 것이라고 주장하는 사람들이 많았다. 그들은 또한 경제력이 점차 미국 중심에서 벗어나는 '분산' 현상을 주목하고, 그렇게 경제력이 이동했지만 미국 달러화가 세계 통화로 지속적인 역할을 함으로써 괴리가 생기고 있음을 지적했다.

중국. 중국의 대담자들은 세계적 도전과제의 범위가 확대되고 있음을 인정했지만 중국이 국내 문제를 처리해야 된다는 점을 강조했다. 중국이 국내 질서를 유지하는 것이 적어도 현재로서는 글로벌 거버넌스에 크게 기여하는 것으로 본다. 한 중국 발표자는 "국제 거버넌스, 국가 거버넌스, 로컬 거버넌스 사이 균형된 관계"를 가질 필요성을 지적했다. 많은 사람들이 생각하기에 중국은 다른 나라의 개발 및 안보와 양립하는 방식으로 국내의 발전을 관리할 필요가 있다.

중국 참가자들은 협력 증진에는 신뢰가 가장 중요하며 신뢰는 협상 당사국의 이익을 존중하는 데 뿌리를 두고 있다고 강조했다. 각국의 관심사항 및 주권의 존중과 '인내심'은 건전한 국제체제의 근저에 있는 핵심 원칙이라는 것이 그들의 견해이다.

중국의 대담자들은 주요 20개국 그룹(G-20)을 큰 진전이라고 보았지만 남북 격차로 인해 경제와 국제금융을 제외한 다른 이슈에 대한 협력이 저해되지 않을지 문제를 제기했다. 어떤 이는 "개도국에는 중요 이슈가 식량 부족과 자원 부족이지" 기후변화는 아니라고 말했다. G-20은 근본적으로 '위기관리도구'인데 이미 피로감으로 타격을 받고 있으며

UN체제에 대한 대안이 될 수 없다고 주장하는 이들도 있었다.

다수의 중국 대담자들이 보기에 인도주의적 개입에 대한 시각은 서로 다르지만 '경성안보(hard security)'에 대해서는 견해가 점차 수렴되고 있다. 한 사람은 다음과 같이 말했다. "테러리즘 문제는 비전통적 안보와 더 관련이 있으며 협력의 여지도 더 많다……. 해적 문제는 대부분의 국가들이 갖고 있는 공통의 관심사이다." 그들이 생각하기에 중국은 점점 더 권력에 수반한 책임을 인식하고 있다. 그렇긴 하지만 접근방법은 세계적 행위자 간에 서로 다를 수 있다. 개발 분야를 보면, 서방의 행위자는 우량 거버넌스를 지속가능한 개발의 전제조건으로 보는 반면 중국은 경제성장이 장기간에 걸쳐 더 나은 거버넌스를 유도한다고 본다.

많은 중국인들은 국제체제에 '근본적인' 결함이 있는 것으로 보았다. 한 사람은 다음과 같이 언급했다. "IMF는 선진국이 아니라 개도국에 집중하고 있는데, 좀 더 균형 잡힌 접근방법을 택해야 할 것이다." 중국인들은 최근에 설립된 각종 제도와 집단을 함께 아우르는 '확대된 구조'를 구상하고 있다.

인도. 인도의 관리들과 싱크탱크의 전문가들은 "아시아에는 안정을 보장해 줄 내부 균형이 없음"을 걱정했다. 하지만 그들은 인도가 아시아의 지역 제도를 발전시키는 데 기여할 수 있는 입지가 좁다는 의견을 밝혔는데, 그 이유는 이 지역에서 중국의 역할이 타의 추종을 불허하기 때문이라고 했다. 그래서 인도는 주로 글로벌 거버넌스 제도의 변환에 관심이 있다. 인도 사람들은 기존의 국제기구들이 점증하는 도전을 처리하기에 '총체적으로 부적합'하다고 생각하고 '리더십 위기'에 대해 불평을 늘어놓았다. 한 사람이 "유럽은 리더십 책임을 맡을 태세가 되어 있지 않다"고 말하면서 유럽이 지역 행위자인가 아니면 세계 행위자인가를 물었다.

많은 전문가들은 UN의 장래에 관해 염려했으며, 어떤 사람은 만약 UN이 개혁에 실패하면 이 기구는 점차 쓸모없게 되고 말 것이라고 주장했다. 한편 G-20의 정당성에 관해서 의혹이 제기되었다. 어떤 사람은 이러한 형태의 포럼은 자체 논의를 뒷받침하기 위해 비회원국들과 광범위하게 협의해야 성과가 있을 것으로 생각했다.

많은 사람들은 미국이 계속해서 "정치적·경제적·군사적 강국으로서 아시아 지역의 중요한 일부"가 되어주기를 바랐다. 어떤 사람은 또한 '서방'이 발전시킨 체제 — 민주주의와 법의 지배 포함 — 가 '동방'의 힘이 강대해짐으로써 타격을 받을 것으로 우려했다. 한 인도 대담자는 다음과 같이 말했다. "미래에 영향을 미치는 일에 서방이 결속하지 않는다면 애석한 일이 될 것이다."

한 전문가는 세계화가 전환점에 이르렀는지도 모른다고 주장했다. 경제위기의 영향, 여전히 진행 중인 금융시장의 혼란, 그리고 자원의 제약은 탈세계화 시나리오의 가능성을 가리킨다. 자원 이슈가 다자 해결을 모색할 만큼 성숙하지 않았으며 인도와 중국은 자원 탐색을 지속할 것이라고 생각하는 사람들도 있다. 한 사람은 세계적인 협상은 '호혜주의’에 기초해야 할 것이라고 지적하면서 기후변화 의제에 대한 서방의 접근방법이 인도와 여타 빈곤 국가에 공정한 것인지 의문을 제기했다.

　일본. 거버넌스 간극을 ‘형태나 구조’보다 정치적 리더십에 관한 것으로 보는 일본인이 많았다. 일본인들의 의견은 개도국과 신흥 강국들이 여전히 낡은 남북문제의 시각에 갇혀서 다른 국가들이 세계적인 과제와 관련된 책임을 떠맡기를 기대한다는 것이었다. 하지만 이런 시각과 태도는 여론 때문에 바뀌고 있다. 세계 여론의 압력이 미국을 향했었지만 — 부시 행정부가 다자주의에 대한 참여가 부족하다고 — 이제는 더욱 적극적인 행동이 필요한 중국 같은 국가에 초점을 맞추어 이동하고 있다.

　일본의 대담자들은 공식 제도들이 특히 기후변화, 자원희소성 등의 도전과제에 대해 여전히 적합한 제도인지 의문을 제기했다. 에너지 분야에서 에너지 독립과 자원 민족주의가 강조되는 현상을 위험시했다. 그 대신 일본인들은 무한 경쟁을 회피하기 위해 적절한 국제 틀 내에서 중국, 인도와 같은 새로운 거대 에너지 소비국을 선진국들과 잘 통합할 필요가 있다고 보았다. 거대한 관료체제를 가진 국제기구는 비효과적이라고 주장하는 사람들도 있었다. 해법을 강구하는 데는 ‘자발성’을 보장하는 비공식성이 공식적인 구조보다 나을지 모른다. 한 전직 관리는 지도자들이 리더십을 발휘할 수 있도록 G-20 회의에 할당된 시간을 늘릴 것을 언급했다. 이틀 동안 열리는 회의에서 이슈마다 할당된 시간은 두 시간뿐이기 때문에 “변죽만 울리고” 만다는 것이다. 그 밖에 비공식적인 그룹에서는 “서로 마음이 맞아서” 결과를 도출하는 법이지만, G-20에서는 다양한 의제가 공존한다. 일본인들은 G-20을 성급하게 제도화하거나 그 의제를 급속하게 확장할 경우 그룹 내 이견이 드러날 것이라고 우려했다.

대부분의 일본인 참가자들은 국제기구를 개혁하는 한편 국가적·지역적 수단을 제고할 필요가 있다고 강조했다. 지역적 틀을 강화하면 세계 차원의 약한 틀을 보완할 수 있다는 것이 그들의 견해다. 도시와 같은 국가 하부조직 간에, 예컨대 에너지와 환경 분야에서 협력할 수 있는 잠재력을 더 주목할 필요가 있다. 동아시아에 경성안보를 위한 지역 구조가 없는 현실을 우려하는 이들이 많았는데, 그들은 일본이 경성안보 공고화를 가로막는 정치적·법적 장애물을 스스로 극복해야 한다고 지적했다.

일본인들은 쓰러져 가는 나라(ailing states)에 대해서는 국제기구가 아직 효과적으로 처리할 태세가 안 되어 있기 때문에 신속한 군사 개입이 필요할 것으로 생각했다. 그러한 개입을 하려면 더욱 강력한 법적 틀을 수립하는 새로운 노력이 필요할 것이다. 일반적으로 일본인들의 생각은 핵무기 확산방지체제와 같은 예를 들며 각국이 법적 의무를 준수하도록 더욱 구체적인 방안을 강구해야 한다는 것이었다.

러시아. 러시아 전문가들은 2025년의 세계가 대체로 '강대국들'이 여전히 판치는 세계일 것이라고 보았다. 물론 일부 인사들은 다국적기업의 영향력이 확대되고 초국가적 협력 기회가 많아질 것으로 예상했다. 다른 사람들은 '국가가 귀환하고' 강대국이 주권을 다시 주장할 것임을 강조했다. 러시아인들의 생각을 추동하는 개념은 글로벌 거버넌스가 아니라 강대국 관계가 가장 중요한 역할을 하는 '다자 외교'이다.

…… (우리는) 러시아가 양자 문제를 먼저 처리하지 않고 글로벌 이슈에 협

력한다는 것은 기대할 수 없다. 글로벌 이슈에만 집중하고 고전적인 국가
이익을 제쳐놓는다는 것은 비현실적이다.

— 러시아의 참가자

러시아 참가자들은 '범태평양 안보'가 상대적으로 미흡하다고 우려
했다. 태평양 지역은 아직 관리가 제대로 되지 않고 있으며 안보 틀을
확대할 필요가 있다. 미국, 유럽, 러시아는 서로 관계가 밀착될 여지가
있는 반면 중국은 '세계 최대 경제대국'으로서 세계를 변화시키는 주요
인이 될 것이다.

우리가 만난 학자 일부는 만약 러시아가 세계 발전의 주요 추세를 고
려하지 않는다면 모스크바의 역할은 세계 질서 속에서 하찮은 역할로
전락할 위험이 있다고 걱정했다. 하지만 러시아의 현대화 전략은 일관
성이 없으며 국민들 사이에 미래가 달라질 것이라는 확신이 거의 없다
고 생각하는 사람들이 많았다.

러시아 사람들의 생각에 모든 핵심 행위자를 포괄할 수 있는 제도는
UN이 유일하다. 그들의 견해에 의하면, G-8과 G-20은 정당성을 결여
하고 있고 그 장래도 불확실하다. 일부 전문가는 EU를 미래의 글로벌
거버넌스를 위한 모델로 보았다. 유럽의 의사결정 체제는 다원주의를
권장하고 관리와 비국가행위자의 네트워크를 아우름으로써 국가 수준
과 국제 수준의 거버넌스를 연결시킨다.

남아프리카공화국. 남아공 대담자들은 취약국가들이 규제되지 않는
세계화로 위협을 받고 있다고 보았다. 그들의 견해에 의하면, 효과적인
다자제도가 없는 상태에서 튼튼한 국가들의 존재는 글로벌 거버넌스의

'전제조건'이다. 하지만 일부 인사들이 지적한 바에 의하면, 아프리카의 많은 국가들이 세계화에 적응할 준비가 제대로 되어 있지 않으며, 인구변동 추세와 부실한 거버넌스 때문에 그런 상태가 계속될 것으로 보인다.

> 생각은 글로벌하게 하고 행동은 자기 고장에서 하라 ─ 이것은 튼튼한 국가에서 의미 있는 말이다. 글로벌 거버넌스에 따른 이런 현상은 궁극적으로 국가적·국지적 차원에서 발생한다. 아프리카 국가가 취약해지는 것은 실로 문제다.
>
> ― 남아프리카공화국의 참가자

세계화가 단일한 세계적 정체(政體)를 창설하기보다 오히려 지역화를 강화하는 것처럼 보인다. 예컨대 남아공 사람들은 G-8보다 회원국 구성이 훨씬 다양한 G-20이 금융 이외의 문제를 효과적으로 다룰 수 있을지 의문시했다. 그들은 세계화의 경쟁에서 승자보다 패자의 수가 점점 더 많아질 것이라고 우려하고 이 문제를 다뤄야 할 필요성을 제기했다.

그들은 아프리카인들이 규칙 기반의 국제체제를 원하지만 다극세계로 이행되어도 자신들이 배제되고 있다고 생각하며 걱정한다. 아프리카를 대표해서 G-20에 참가하는 국가는 별로 없다. 그들이 볼 때, 남 -남 연대는 유지될 것 같지 않고, 인도가 남(South)의 리더 역할을 그만두는 것은 시간문제며, 중국은 개도국 지위를 외투로 사용하고 있다.

> BRIC 중 일부 국가는 남 - 남 의제를 이용하여 자신의 남북 의제를 진전시킨다.
>
> ― 남아프리카공화국의 참가자

아프리카 사람들이 볼 때, UN은 여전히 유일한 '정당한 신임장'을 가진 세계 제도이다. 그들은 개발·식량·자원에 관한 정책구상이 개별적으로 확산되는 것은 혼동을 일으키며 게임 규칙을 더 불확실하게 만든다고 본다.

아프리카 특유의 문제는 "지식 역량이 부족하고 정치를 추동할 아이디어가 부족하다는 것이다". 기술은 거버넌스보다 더 중요하다고 할 수는 없어도 그에 못지않게 중요하다. 대담자 중 한 명이 언급한 바와 같이, "아프리카는 기술이 부족해서 발전하지 못한 것이다". 비국가행위자즈차 대부분 최강대국 출신이다. 한 참가자가 언급한 대로 "아프리카가 차지할 자리는 어디에도 없었으며, 아프리카는 언제나 세계적 추세의 객체였다". 중국에 대해 걱정하는 아프리카 사람들도 있다. 중국이 아프리카의 자원에만 관심이 있기 때문이다. 한 참가자의 언급대로 "BRIC 국가들의 한 가지 공통점은 자원 민족주의인데, 그들은 아프리카를 천연자원의 개발 대상으로 본다". 그렇지만 다른 사람들은 중국이 아프리카의 우려에 대응해 신속하게 정책을 조정한다고 지적했다.

아랍에미리트(UAE). 걸프 지역 참가자들이 제기한 핵심 질문은 어떤 종류의 세계 제도가 가장 포괄적 권력분점을 잘할 수 있는가라는 문제였다. 한 사람은 "새로운 계약이 무엇인가?"라고 물었다. 제2차 세계대전 이후 아시아, 아프리카, 중동, 중남미는 포함되지 않았다. 걸프 지역 참가자들은 향후 위기를 피하려면 이런 지역들을 통합할 필요가 있다고 생각했다. 그들의 견해에 따르면, 의사결정 권한을 공유할 필요가 있지만 "그 공유는 서방의 견해를 수출하는 것이 아니라 각자의 우선사항에 관한 것"이라는 점을 강조했다.

강력한 지역기구가 없는 것을 애석하게 생각하는 대담자가 많았다 ― 아랍연맹(Arab League)과 걸프협력회의(Gulf Cooperation Council)는 취약하고 국제 제도와 연결도 부족한 것으로 평가했다. 한 사람은 다음과 같이 피력했다. "우리가 걸프 지역의 장래에 관해 언급할 때 너무 빈번히 우리는 진정한 행위자가 아니라는 결론에 이른다." 에너지 생산국의 '권리'와 에너지 소비국의 권리를 함께 묶는 틀이나 제도가 필요하다. 몇몇 사람들은 서방측의 민주화 지원이 부족한 데 대해 실망감을 나타냈다. 한 사람은 이렇게 말했다. "현재 역내외적으로 민주화에 대한 관심이 전혀 없다."

그들은 이란과 불안한 동거를 하게 될 것으로 보았다. 대부분의 사람들은 이 지역이 '중국과 동방'으로 관심을 돌리고 있다고 보았다. 왜냐하면 아시아 지역이 걸프 지역에서 생산되는 에너지를 더 많이 소비하기 때문이다. 하지만 일부 인사는 권력이란 '합의를 도출하고 모델이 되며 시스템을 창조하는 것'이라는 데 주목했다. 이런 관점에서 보면, 중국 등 신흥국가들이 전통적인 강대국의 영향력에 맞서려면 갈 길이 멀다. UN의 장래에 관해서는 강대국들이 자국의 이익을 추구하기 위해 대안을 모색하고 있다는 사실을 포함해 왜 UN이 제대로 작동하지 못하는지, 그 이유에 대해 관심을 더 기울일 필요가 있다.

부록 B: 지역주의 전망

지역주의는 해외세미나 개최 시 토론에 드러난 바와 같이 전 세계적으로 나타나는 형태가 다양하고 상이하다.

동아시아

동아시아 지역주의는 새로운 국면을 맞이하고 있다. 이 지역의 양대 강국인 중국과 일본, 그리고 동남아시아국가연합(ASEAN) 회원국들은 분쟁을 해결하고 상호의존관계를 관리할 틀로서 지역협력을 선호한다. ASEAN은 수십 년 동안 독특한 방식의 지역협력을 발전시켰다. 그 기초는 낮은 수준의 제도화, 내정간섭 배제, 비격식성, 상시 협의 및 분쟁 회피이다.

이른바 'ASEAN 방식'은 위기 시 회원국들의 경제·안보 문제를 구체적으로 해결하는 데는 그리 효과적이지 못했다. 양 분야에서 ASEAN 국가들은 상호관계 외에도 미국, 중국, 일본 등 비회원국과 양자 관계를 다양하게 발전시켰다. 그러나 이런 협력 틀은 그 성격상 구속력이 없기 때문에 원칙 공유를 기반으로 해 상시 협의와 특별 협력에 역내 강국들을 포함시키는 유용한 플랫폼을 제공했다.

경제적·정치적 관점에서 중국의 지역 중심적 역할은 커질 것이다. 중국이 안보협력과 공동번영 틀의 일원이 될 것인지 또는 인근 국가를 제압하려고 할 것인지 여부는 세계의 안정에 장기적인 함의를 지닐 것이다. 지난 수년 동안 중국은 일부 이슈에 양자 차원뿐 아니라 다자간 지역 구조를 통해 인근 국가들과 함께할 의사를 보였다. 예를 들어 중국은 동남아시아 여러 국가와 우호협력조약을 체결하고, 공동의 안보 위협에 대처하기 위해 러시아, 중앙아시아 국가들과 상하이협력기구(SCO)를 설립했다.

중국은 지역협력에 참여함으로써 복합적인 목표를 추구한다. 첫째, 베이징 당국은 대립과 분쟁을 가급적 피하는 식으로 역내에서 경제력 증대와 병행해 정치적 영향력을 확대한다. 둘째, 중국은 지역 간의 아시아태평양경제협력(APEC)포럼과 달리 아시아 국가들만 포함시키는 지역 구조를 지지함으로써 동아시아에서 미국의 영향력을 한계 지운다. 셋째, 중국은 평화적 기반 위에서 일본과 경제적·정치적으로 경쟁한다. 즉 라이벌 관계를 애써 축소하고 상호 무역과 투자 증진을 통해 이득을 챙긴다.

지정학적으로 심각한 긴장상태가 지속되는 지역이 여럿 있다. 예를 들면 중국과 인도 사이 국경지역, 그리고 남중국해에서 영유권을 둘러싸고 중국과 베트남 등 동남아시아 국가 사이에 긴장상태가 지속된다. 하지만 전반적으로 중국은 자국의 심상치 않은 부상이 미칠 영향에 관해 지역을 안심시키려고 노력해왔다.

동아시아에서 진행되는 힘의 균형의 이동은 일본을 피해 가지 않았다. 어떤 일본 대담자들은 이른바 '패러다임 이동'과 관련, 새로운 지역 정황에 적응하고 일종의 '서쪽을 보라(Look West)' 정책을 추구할 필요성을 인정했다. 즉 일본이 초점을 태평양 동맹국인 미국에서 아시아 대륙으로 돌려야 된다는 것이다. 문제는 일본과 미국의 양자 동맹이 미국을 포함하지 않는 동아시아 다자 틀의 심화와 양립할 수 있는가 여부이다.

일본은 우선 경제·환경 이슈와 관련된 양자·지역협력에서 일련의 정책구상을 지지했다. 또한 일본은 대외개발원조의 대부분을 역내에 할당했다. 일본의 관점에서 보면, ASEAN은 더 큰 지역 구조를 떠받치는 기둥으로 존속해야 하고 연례 동아시아정상회의(EAS)는 동아시아공동체(EAC)로 진화해야 한다. 중국과 마찬가지로 일본은 지역협력을 자국의 정치적 영향력을 제고하는 승수(乘數)이자 경쟁국의 정치적 영향력을 희석시키는 수단으로 간주한다. 이 때문에 일본은 중국이 전통적으로 옹호하는 것보다 더 회원국 범위가 넓은 지역 틀, 즉 인도, 오스트레일리아, 뉴질랜드 등(EAS에서 만나는 이른바 ASEAN+6)을 포함시킨 지역 틀을 지지한다.

동아시아 지역주의는 복합적인 양상을 띠고 있다. ASEAN과 같은 기존의 다자 틀이 있는 데다 양자 동반자관계, 기능적 특별협정, 특별 외교회담 등이 거미줄처럼 복잡하게 얽혀 있다. 예를 들어 안보 영역에서 북한에 관한 6자회담이 여기에 포함된다. 역내 주요국의 국가 전략에 따라 협력 구상들이 교차되면서 EAC와 같은 새로운 다자포럼 창설 계획이 생긴다. 역내 관계와 대미 관계의 유련한 균형유지가 이러한 여러 진전동향을 뒷받침한다. 예상컨대 중국·일본·ASEAN 사이의 경제관계 증대, 세계 무역·금융시장의 혼란, 환경적 상호의존관계 등에 비추어 지역협력이 심화되고 새로운 영역으로 확장될 것이다. 현행 추세를 감안하면, 동아시아에서 중국을 중심으로 한 '바퀴축과 살(hub-and-spoke)' 시스템이 등장할 것으로 예상된다. 그런 시스템을 관리할 지역 구조는 강제 규범을 설정하기보다 공동의 기본원칙을 기초로 안정화 및 신뢰구축 기능을 수행할 것으로 보인다.

남미

남미 지역주의도 위에서 본 특성을 일부 가지고 있으며 앞으로 동아시아에서 예상되는 것과 비슷한 패턴을 따라 진전될 것이다. 브라질은 영토와 인구에서 남미의 절반을 차지하고 국내총생산(GDP)에서는 2/3를 차지한다. 지난 20년 동안 경제적 성과 면에서 브라질과 대부분의 그 인근 국가들 사이에 격차가 더 벌어졌다. 많은 사람들은 브라질이 10년 또는 20년 후에는 더는 역내에 중점을 둘 수 없을 만큼 너무 커지지 않을까 궁금해하고 있다. 하지만 지금까지 브라질 외교정책의 제1순위는 남미였으며 향후에도 상당한 기간 동안 그럴 것으로 보인다. 대부분의 관찰자들은 브라질의 역내 지도력은 세계무대에서 주요 역할을 수행한다는 국가 목표를 달성하기 위한 필수조건이라고 본다.

남미에서는 지역협력 가능성을 가리키는 추세와 단편화 가능성을 시사하는 추세가 혼재한다. 이 지역은 국가마다 다른 경제정책과 정치궤도를 따를 만큼 각양각색이다. 칠레, 페루, 콜롬비아 같은 나라는 경제자유화를 추구하면서 미국, 그리고 점차 중국과 양자 무역협정을 추진하고 있다. 베네수엘라가 주도하는 볼리바르동맹 국가들은 미국의 역내 영향력에 대항할 뿐 아니라 경제적 세계화를 추진하는 브라질 및 여타 국가에도 대항해서 이념 경쟁을 벌이고 있다. 하지만 이런 국가들은 에너지와 다른 원자재 수출에 의존하고 있기 때문에 경제전망이 밝지 못하다. 브라질이 갖고 있는 강점은 건전한 거시경제정책과 사회정책, 거대한 국내시장, 다변화된 산업기반, 그리고 엄청난 부존자원이다. 그러나 아르헨티나와 같이 경쟁력을 상실한 국가들은 세계 분업체제 변화에 적응하기 위해 진력하고 있다.

이와 동시에 남미는 상대적으로 안정되어 있다. 각국이 마약밀매 등 공통의 초국가적 문제를 안고 있으며, 모두 수송·에너지 인프라를 개선하면 무역·투자 증진, 천연자원 이용 등의 이득을 볼 것이다. 브라질은 역내 협력을 심화시키기 위해 이런 자산을 토대로 경제적 비대칭성과 정치적 단편화를 시정할 수 있을 만큼 유일하게 덩치가 큰 국가다. 그러나 브라질이 역내 공감대를 확보하는 방식으로 선도적 역할을 수행하려는 의지와 능력이 있는지 여부는 여전히 미지수이다.

그런 시도가 이루어지고 있음을 시사하는 중요한 구상들이 있다. 새로운 지역기구로 2008년 출범한 남미국가연합(UNASUR)은 역내 정치적 대화와 협력을 위한 주요 포럼이 될 것을 목표로 하고 있다. 브라질은 미국을 배제한 중남미정상회의를 주최했는데, 이 회의를 장래 상설화될 기구의 전신으로 보고 있다. 브라질은 경제적인 이유보다는 정치적인 이유로 남미공동시장(MERCOSUR)을 지속적으로 지지하고 이 기구에 베네수엘라가 가입하도록 지원했다. 역내 인프라 투자의 중추는 브라질 자본으로 이루어져 있다. 그렇다고 해도 2000년에 다자간에 설립된 남미지역 인프라통합구상(IIRSA)은 그 성과가 기대에 미치지 못했다.

국제금융시장·제도의 신뢰성은 경제·금융위기로 심각한 타격을 받았으며, 브라질과 인근 국가들은 국내시장과 역내 경제협력을 강화해야 향후 발생할 위기에서 보호받을 수 있다는 것을 알게 되었다. 그렇지만 심각한 정치적 도전이 앞에 가로놓여 있다. 문제는 상호 간 정치적 신뢰 수준이 낮고, 브라질 등 역내 국가들이 공동의 규칙과 구속력 있는 조약에 가입함으로써 주권이 제약받게 되는 것을 꺼린다는 점이다. 동아시아와 마찬가지로 남미의 지역주의는 협력의 제도화를 더는 추진하지 못하고 국내외의 정치적 환경 변화에 그대로 노출되어 있다.

아프리카

아프리카 지역주의는 힘겹게 발전하다가도 전 대륙에 걸쳐 발생하는 정치적 위기와 안보 위기로 인해 간간이 중단된다. 동아시아, 남미와 달리 아프리카에서는 대륙 수준에서 지역협력을 이끌어갈 만한 영향력과 자원을 가진 국가가 하나도 없다. 남아공이 '아프리카 개발을 위한 신동반자관계'를 창설하고, 2002년 아프리카단결기구(OAU)를 아프리카연합(AU)으로 바꾸며, 아프리카평화·안보구조(APSA)를 설립하는 데 핵심적인 역할을 했다. 그렇지만 아프리카는 너무나 방대하고 다양해 단일한 역내 지도국이 등장할 수 없다. 그 대신 아프리카의 전문가들이 주장하는 바에 의하면, 아프리카 대륙과 그 거버넌스의 장래는 핵심 국가군의 국내 발전과 대외정책 우선순위에 달려 있을 것이다. 그런 국가군에 속하는 나라로 남아공, 나이지리아, 이집트, 콩고민주공화국, 에티오피아 등을 우선 꼽을 수 있다. 이런 국가들 중 일부는 소지역기구와 관련해 중심적인 역할을 하고 있다. 그런 기구는 대륙 서부의 서아프리카국가경제공동체, 남부의 남아프리카개발공동체, 동부의 동아프리카공동체 등이다. 이런 기구들과 AU 간 상호협력은 지역 공통의 문제를 효과적으로 해결하도록 지원하는 데 매우 중요하다.

다수의 취약국가 혹은 실패국가 인근에 강력하고 독단적인 국가들이 존재한다는 사실은 아프리카의 지역주의 미래에 대해, 특히 AU 헌법에 새겨진 '보호책임' 원칙을 이행하는 데 주요한 도전과제를 제기하고 있다. 취약국가나 실패국가라도 주권과 내정불간섭 원칙을 중시하는 법이다. 역내 여러 국가의 불량 거버넌스는 빈곤과 불안정의 악순환을 부채질해 위기관리와 평화구축 수요를 증대시킨다. 현재 UN평화유지군의 약 70%가 아프리카에 배치되어 있다. 이에 따라 AU 창설 이후 지역협력 활동은 안보 이슈에 집중되었다.

APSA는 역내 도전과 위협에 자체적으로 대처할 목적으로 2004년 출범혔다. 관련 조직은 아디스아바바 소재 AU 본부에 설치되었고, AU는 몇몇 소규모 위기관리 활동을 했다. 예를 들면 수단과 소말리아에 AU 임무부대를 파견한 것이다. 또한 신속하게 배치할 수 있는 소지역 수준의 5개 비상대기 부대가 구성되고 있다. 일이 약간 진척되었지만 앞에 놓인 장애물이 매우 크다.

아프리카의 지역기구들은 위기대응 및 평화구축 활동을 책임질 만한 자원과 전문성을 갖추지 못했다. 기획과 명령 구조가 취약한 데다 AU의 활동은 자금과 병참을 대부분 외부 지원에 의존하고 있다. 향후 수년 동안 역량을 구축하는 작업에 최우선 역점을 둬야 할 것이다. 그러한 역량을 구축하기 위해서는 아프리카 행위자와 외부의 원조자 간 강력한 동반자관계가 형성되고 EU와 그 회원국들이 앞장서서 원조 활동을 계속 수행해야 할 것이다.

정치적 차원에서 보면, 지역 포럼에서 이루어지는 국가 지도자 간의 예방외교와 중재 활동이 국내 또는 국제 위기를 관리하는 데 결정적일 수 있다. 외부의 아프리카 문제 개입에 대한 현지 반발이 커짐에 따라 지역외교가 더욱 적절하게 될 것이다. 하지만 지역외교회담과 틀로 불안정의 근본 원인을 치유하는 경우가 드물다. 왜냐하면 그런 일은 국내 정치체제에 대한 문제제기를 수반하기 마련인데, 아프리카 지도자들이 이를 고사하기 때문이다. 소지역기구 상호 간 그리고 이들과 AU 간의 협력이 원활하지 못한 점은 효과적인 지역협력을 방해하는 또 다른 장애물이다.

아프리카 지역주의의 발전 전망은 여러 가지 복합적인 요인에 달려 있다. 남아공과 같은 역내 주요국의 지도력은 공동 활동의 부재에서 볼 수 있듯이 충분하지는 않겠지만 여전히 필수적일 것이다. AU, 소지역

기구 및 UN이 상호협력을 심화하면 위기관리와 평화구축 활동이 크게 증진될 것이다. 이런 관점에서 아프리카의 지역주의는 글로벌 거버넌스 도구와 자원을 대체하기보다는 보완할 것 같다. 아프리카의 비국가행위자가 초국가적 협력 틀에 참여하면 기후변화와 같은 이슈에서 그 틀의 효과성이 제고될 것이다.

아프리카는 경제 세계화의 흐름에서 오랫동안 주변부로 여겨졌지만 오늘날에는 세계 주요국들이 벌이는 자원과 시장(심지어 토지까지) 쟁탈전의 중심에 서 있다. 많은 아프리카 지도자들과 관찰자들은 아프리카가 외국 이익의 대상이 되기보다는 신구의 동반자관계를 적극 형성해야 된다는 주장을 편다. 이와 같이 아프리카가 중심부로 새롭게 등장한다면 외부 파트너들과 협상 시 지역 차원의 조정과 협력이 촉진될 수 있을 것이다. 하지만 이런 상황은 개별 국가가 지역협정 밖에서 양자협정을 통해 이득을 챙기는 등 단편화를 촉진하는 씨앗을 내포할 수도 있다.

부록 C: 북극, 글로벌 거버넌스에 대한 도전인가 기회인가?

기후변화의 결과로 북극해가 개통될 잠재성은 중대한 사안이다. 일반적으로 세계 현안이 아니라고 이해되던 지역이 가장 중요한 현안으로 부상하고 있다. 북해 항로를 이용하면 동아시아와 유럽 간의 해운 항로가 약 40% 단축될 것이다. 2009년 미국 지질조사소가 추정한 바에 의하면 북극지역에는 석유와 천연가스 자원이 엄청나게 매장되어 있다. 기후변화와 신기술 덕분에 자원탐사와 경제활동 기회가 확대되고, 환경위험이 커지며, 경쟁이 격화될 가능성이 있다.

북극은 글로벌 거버넌스의 시험 사례로 볼 수 있다. 북극해 개통을 관리하는 방식은 영유권 분쟁을 해결하고, 해양과 해저에 적용되는 국제법의 현행 틀을 향상시키는 당사국들의 능력을 시험하며, 아울러 이 지역의 과도한 군사화를 방지하고자 하는 그들의 결의를 시험할 것이다.

북극해 개통이 제기하는 각종 도전과제를 처리하려면 적절한 거버넌스 기제가 필요하다. 그러나 이해관계 충돌과 도전과제의 성격을 고려할 때, 이런 기제는 포괄적 조약보다 더 유연하고 더 특별할 것이다. 북극 문제를 다루는 일련의 기존 틀이 있는바, 그중 다수는 본질적으로 공식 거버넌스 기제라기보다 토론 포럼이다. 그러한 기존 틀로는 북극위원회, 바렌츠 유로북극위원회, EU의 '북방차원(Northern Dimension)' 구상 등이 있으며, 그 밖에 노르웨이 - 러시아 간 장기어업협정과 같이 국경을 넘는 이해관계에 관한 다수의 양자협정도 여기에 포함된다.

회원국이 가장 많은 북극위원회는 북극 관련 거버넌스 기제로서 가장 유력하고 뚜렷한 후보일 것이다. 하지만 북극위원회는 독자적인 상설사무국과 공식적인 권한이 없으며, 안보문제가 의제에 포함되지 않을 만큼 위원회의 의제 범위가 협소하다.

북극해 연안국이라고 자처하는 5개국 그룹(캐나다, 덴마크, 노르웨이, 러시아 및 미국) 회원국은 북극 영유권에 관해 자기네끼리 논의하는 것을 선호했다. 일반적으로 북극과 같이 이해관계가 가장 밀접하게 일치하거나 적어도 가장 분명하게 이해되는 분야의 양자협정은 최대한의 실제 협력을 산출하는 경향이 있다. 집단의 규모가 클수록 정당성이 커지며 더 복잡하게 얽힌 이슈를 다룰 수 있겠지만, 관리하기가 더 어려우며 실제 협력을 산출할 가능성은 더 낮다.

북극의 경제적·정치적 중요성 증대로 인해 제기되는 일부 과제는 어떤 의미에서는 전통적이며 영유권 문제와 관련된다. 하지만 이런 과제는 여러모로 복잡다단하다.

미국이 비준하지 않은 UN해양법협약은 어떤 국가가 해양과 해저에 관한 경제 주권을 주장할 수 있는 법적 기반을 제공한다. UN해양법협약은 잠재적 분쟁지역의 한계를 정하고 조문화했지만 그 중재기관인 대륙붕한계위원회의 판결은 구속력이 없다.

궁극적으로 중첩되는 영유권 주장은 당사국이 풀어야 한다. 세계의 여타 지역과 마찬가지로 북극에는 미해결 영유권 분쟁이 많다 — 그중 다수는 UN해양법협약 이전에 발생한 것이고 향후 더 발생할 수 있다 —. 당사국들이 협상을 통해 분쟁을 해결할 수 있을 것인지, 그리고 그렇게 하려면 어떤 조건이 필요한지가 중요한 문제다.

물론 북극의 경제적 이익이 커지면서 기존 분쟁 일부가 더욱 첨예화되고, 중첩되는 영유권 주장의 전략적 중요성에 대한 인식이 제고될 수 있다. 하지만 반드시 그런 것은 아니다. 2010년 노르웨이와 러시아는 바렌츠 해 영유권에 관한 오랜 분쟁의 최종 해결을 위해 극적인 진전을 보였다. 바렌츠 해는 대량의 탄화수소 자원을 매장하고 있는 것으로 알려져 있다. 합의 없이는 이 지역에서 상업적 활동을 벌일 수 없을 것이며, 그렇게 되면 노르웨이와 러시아가 모두 잠재 수입을 놓치게 된다.

모든 외교 활동이 마찬가지지만, 국가가 과욕을 부림으로써, 또는 자신의 이해관계와 의도를 알리지 못함으로써 오판이 생길 수 있다. 이런 현상이 심하게 나타나는 것은 북극과 같이 어느 지역에 대한 영유권 주장이 국력과 현지 진출에 관한 문제인 경우, 즉 실효적 지배력이 중요한 경우다. 북극 영토와 바다를 충분히 감시하거나 지배할 능력을 가진 국가는 몇 안 된다. 그러나 북극과 관련된 많은 잠재적 과제를 다루려면 효과적인 정책수립이 필요하다. 기존 제도 내에서, 특히 북대서양조약기구(NATO) 내에서 공동의 책임과 각 회원국의 개별적 책임을 양해함으로써 협력을 강화할 기회가 있다. 또는 미국과 캐나다 간에도 해양영역 인식 및 어쩌면 쇄빙 역량과 관련해 협력을 강화할 기회가 있다.

북극해의 잠재적 개통이 제기하는 도전과제는 북극 당사국뿐 아니라 비당사국에게도 관심 대상이다. 특히 중국이 이 지역에 대한 관심을 높이고 있는데, 북극 항로가 기존 항로에 비해 짧고 저렴할 뿐 아니라 더 안전하다는 점을 주목한다. 북극해가 주요 해운 통로가 되려면 수십 년이 걸리겠지만, 그런 활동이 가능하도록 거버넌스 틀을 제대로 짜고 인프라를 갖추는 것이 중요하다. 북극해 접근을 둘러싼 정치적 분쟁의 결말은 물론, 해운재난 발생이 환경과 사람에게 미칠 영향도 상세한 설명을 요하지 않는다.

앞으로 북극에 대한 우량 거버넌스는 당사국들이 대외적으로 얼마나 협력할 의지를 가지느냐, 그리고 국내적으로 얼마나 책임 있게 활동할 능력을 가지느냐에 크게 달려 있다. 더구나 북극과 관련된 많은 일들이

― 논란 가능성이 많은 자원 개발이 일으킬 수 있는 문제를 포함해 ― 단일 국가 내에서 발생할 것이다. 예를 들어 미국, 캐나다 또는 러시아가 석유·가스 자원을 개발할 것인지 여부의 문제는 가격, 접근성 및 국내 정치적 결정에 따라 크게 달라질 것이다.

당사국들이 공통의 유인과 인식을 늘리도록 조정해나가는 것이 핵심이다. 이런 조정을 수행하려면 공식적인 구조 형성 ― 가령 북극위원회 강화 ― 또는 비공식적인 데이터 공유와 네트워크 구축이 필요할 것이다.

부록 D: 글로벌 거버넌스 도구는 취약국가 대응에 충분한가?

냉전이 종식된 이후 국제분쟁관리 체제의 주요한 활동 특성은 실패 중이거나 이미 실패한 국가에 대한 대응이었다. 이 체제에 포함된 것은 UN·양자 및 지역 중재, '의지의 연합' 외 UN·NATO·EU 및 기타 지역 차원의 평화유지와 평화집행, UN·NGO 및 양자 인도주의사업, 재건사업을 위한 세계은행·양자·UN·NGO의 재정적 지원이다. 1988년 이래 이런 체제는 지속적으로 전개되었다. 현재는 자국 내에 국제감시단, 평화유지 또는 집행 병력이 주둔하는 국가가 40개국 이상에 달한다.

냉전이 종식된 이후 UN 안전보장이사회가 국내 분쟁에 더 적극적인 태도를 취할 수 있는 정치적 여건이 조성되었지만, 내란이 새로 발생하지 않은 것은 아니다. 냉전 이후 즉시 종식된 몇몇 전쟁은 나중에 재발했다. 시간을 기준으로 보면 중재 활동은 대충 3/4이 실패하고, 평화유지 활동은 절반가량이 실패하고 말았다.

정치적 여건이 변화하고 분쟁 관리체제를 갖춘 결과, 1992년에 최고조에 달한 바 있는 전 세계의 내전 숫자가 2006년까지 꾸준히 줄었으며, 특히 대규모 내전은 ─ 전사자가 1,000명 이상에 달한 내전으로 정의 ─ 이 기간 동안 80% 줄었다. 하지만 2006년 이래 국가 간 및 국내 전쟁 모두 약간 늘었다.

2025년까지 내다보면, 국가실패 위험은 여전히 높을 것이다. 이 기간의 끝 무렵에는 세계 인구가 80억 명에 달할 것으로 예상되는데, 특히 가난한 나라의 마을과 도시에 인구 증가가 집중될 것이다. 여러 국가에서 인구변동에 따른 위험이 높아질 것인바, 총인구 중 젊은이의 비율이 높아 부족한 자원(일자리, 토지, 물 등)을 놓고 경쟁이 격화된다. 이런 사회는 제도가 취약한 데다 급속한 사회적 변동으로 불안정이 야기되는 특징을 갖고 있다. 최빈국들의 국가 취약성은 그 인구가 안정될 때까지 여전히 절박한 문제로 남아 있을 것이 분명하다.

핵심적인 취약점

우리가 만나 대담한 사람들은 취약국가 분쟁관리와 대응을 위한 국제체제에 몇 가지 중대한 취약점이 있다고 우려한다.

- **규모.** 국제분쟁관리 기제가 성공한 사례는 대상 국가의 규모 또는 인구가 적거나 적당한 경우였다. 인구가 2,800만에 달하는 아프가니스탄, 인구가 3,000만에 달하는 이라크는 지금까지 시도한 국가들 중에서 인구가 가장 많은 편이다. 현행 체제로는 파키스탄, 나이지리아, 에티오피아 또는 방글라데시와 같은 인구 규모를 가진 나라에서 국가붕괴 상황이 일어나면 아무런 손을 쓸 수 없게 될 것이다.

- **속도.** NATO가 폭력사태 발생에 매우 신속하게 대응할 수 있지만, NATO조차도 아프가니스탄에서 신속한 대응 능력에 한계가 있음을 발견했다. 서아프리카국가경제공동체(ECOWAS) 같은 지역기구와 EU는 소규모 군대를 신속하게 배치할 수 있다. 통상적으로 UN은 배치가 정말로 너무 느리다. 위임명령을 내려서 배치하는 데 걸리는 기간이 9개월에 달한다.

- **지역 격차.** 국제분쟁관리는 대부분 아프리카, 아시아, 유럽에서 이루어졌다. 중동권에서 분쟁과 내부 위기의 특별한 양상과 유별난

도전과제에 대응할 목적으로 설계된 국제체제의 가용수단이 거의 없다. 또한 중동권에서 국제행위자의 정당성에 관해 중대한 의문이 있다. 미국과 서방의 행위자는 다른 행위자보다 더 큰 정당성 제약에 직면하고 있는데, 이는 다름 아닌 (힘과 속도 면에서) 가장 역량 있는 국제대응체제 구성요소가 가장 환영받지 못하고 있다는 것을 의미한다.

- 초국가적 위협. 분쟁관리체제 내부에는 테러단체의 침투 또는 초국가적 범죄 네트워크와 같이 국경 밖으로 파급되는 취약국가의 특성을 처리할 효과적인 도구가 별로 없다. 기존의 조직범죄 대응체제는 심하게 단편화되어 있으며 내무·사법·경찰 체제의 선진화된, 또는 반(半)선진화된 구조와 통합되어 그 구조를 강화시키도록 설계되었다. 취약국가에 대한 국제사회의 사법·경찰 대응과 초국가적 위협 대응은 초기단계에 있다.

- 예방. 거버넌스가 붕괴되거나 국가실패의 징후가 명백할 때 이루어지는 정치적·재정적·안보적 조기 대응은 기껏해야 일시적이다. 주요한 내전 또는 국가붕괴 과정을 실제로 예방한 사례는 극히 드물다. 그러나 전례가 없는 것은 아니다. 논란의 여지는 있지만, 이스라엘 - 헤즈볼라 전쟁(아래 참조) 이후 레바논에 대한 국제평화유지 및 정치적·경제적 대응이 레바논의 완전한 국가붕괴를 예방했다. 최근 기니에서 ECOWAS가 UN의 지원을 받아 전개한 예방활동 덕분에 악순환의 소용돌이가 저지되었다. 코피 아난(Kofi Annan) UN 사무총장은 케냐에서 통합된 중재 노력을 주도해 악화일로의

폭력 악순환을 저지하고 권력을 분점하는 과도정부를 세웠다.

- 제도상의 과제. 향후 실패 위험에 처할 국가의 제도 강화를 개발기관이 매우 성공적으로 지원한 사례가 거의 없다. 그러나 나이지리아 같은 나라에서는 원조국들이 연합해 거버넌스를 공동 전략의 중심에 놓는 새로운 접근방법을 취하고 있다. 많은 전문가들의 견해에 따르면 서방의 정책이 역으로 ─ 그리고 불행하게도 ─ 취약국가의 제도를 공동화(空洞化)시키는 데 기여한 경우가 종종 있었다. 파키스탄의 경우를 예로 들면, 수십억 달러의 지원이 종종 반생산적인 결과를 낳았다. 개발기관은 엘리트를 개혁에 저항하도록 이끄는 강력한 정치적 유인을 제대로 파악하고 대응하는 데 매우 서툴다.

- 위기 이후의 개발과 위험. 분쟁을 겪은 이후 회복 과정에서도 유사한 문제가 따라다닌다. 탈냉전 체제에서 내전을 겪은 국가들은 대부분 낮은 성장과 취약한 역량의 악순환에 빠져 있다. 또한 통계적으로 볼 때 이런 국가는 다시 쇠퇴할 위험이 지속적으로 높다. 분쟁 이후의 회복을 위한 재정지원 체제는 말썽꾸러기 정부를 상대하다 보니 느리고 단기적이며 경직되어 있다.

신흥 강국과 취약국가

신흥 강국들이 추구하는 전략은 국가 취약성과 실패라는 도전과제에 대응하는 미래의 역량을 결정하는 중요한 요인이 될 것이다. 왜냐하면 이런 국가는 세계적 역할을 점차 늘리고 국가실패로 인해 자국의 경제·안보 이익이 점차 위협을 받을 것으로 보기 때문이다.[3] 신흥 강국들의 취약국가에 대한 접근방법을 결정하는 요인으로는 다음 세 가지가 특히 타당하다.

첫째, 어떤 국가에 대한 국제사회의 지원과 관련, 그 국가에 대한 중요성 인식이 신흥 강국의 동참 의지에 역설적인 영향을 미친다. 전략적 중요성이 높지 않은 취약국가나 실패국가에 대해 현재 신흥 강국들의 입장은 UN 주도로 봉쇄와 재건활동을 벌이는 광범위한 국제적 패턴과 대체로 일치한다. 신흥 강국들은 UN의 평화유지활동 — 민주적 거버넌스와 시장 개혁을 촉진하기 위한 복합적·다면적 위임명령을 발동하는 활동을 포함 — 을 지지하지만, 국제 개입의 범위와 기간을 확장하는 효과를 내는 조치에 대해서는 공식회의실에서 퇴장으로 불만을 표시한다.

하지만 북한, 나이지리아, 파키스탄과 같이 전략적으로 중요한 국가의 경우(대부분 인구도 많음), 지역적이고 전략지정학적인 특수 이해관계가 지배한다. 그러한 경우 신흥 강국은 완전한 붕괴(지역 강국과 신흥투자국의 이익에 해롭다)를 회피하기 위해 협력하는 경향이 있다. 그러나 신흥 강국들의 이해관계가 복잡다기하기 때문에 정치적·경제적 재건을 위한 협력이 불가능하게 되고 잠재적인 관리활동이 저해된다.

둘째, 지리가 중요하다. 취약국가에 대한 신흥 강국들의 역할은 바로 인접해 있느냐, 멀리 떨어져 있느냐에 따라 근본적인 차이가 있다. 바로 인접한 경우 신흥 강국들이 취약성의 정치적 관리 및 복구에 깊이 관여

<hr>

세계불안정관리 프로젝트(The Managing Global Instability Project) — 브루킹스연구소, 뉴욕대학교 국제협력센터 및 스탠퍼드대학교 국제안보·협력센터가 공동으로 추진 — 는 취약국가에 대한 러시아, 중국, 인도 및 남아프리카공화국의 접근방법에 관해 일련의 사례를 연구하고 있다. 이 작업의 조기 결과물 일부를 본문과 이 부록에서 인용했다.

하는 데, 그리고 복구에 상업적으로 참여하는 데 큰 관심을 갖고 있다는 것은 놀라운 일이 아니다. 실제로는 다양한 모습을 볼 수 있다. 예를 들어 인도는 아프가니스탄에서 로컬 거버넌스 개혁과 연계된 대량의 재건 사업을 원조하고 있는데, 그 목적은 아프가니스탄에서 파키스탄의 영향에 대응하려는 전략의 일환으로서 아프가니스탄 동부의 핵심 구역에서 지지기반을 다지기 위한 것이다. 이와는 대조적으로 태평양 연안에서 중국은 광물과 에너지 부문에서 주요한 입지를 확보하기 위해 무상 원조와 상업 투자를 병행하고 있다. 한편 브라질은 아이티에서 국제평화유지 활동을 주도하는 정치적·실무적 역할을 수행하고 있는데, 이는 남아공이 부룬디에서 하는 역할과 유사하다.

원거리에 위치한 취약국가의 경우, 신흥 강국들은 평화유지군 파견, UN과 지역기구의 활동에 대한 정치적 지지, (약간의) 원조와 민간 지원 등을 제공함으로써 국제분쟁관리체제에 기여하고 있다. 그들은 또한 높은 수준의 운용 위험을 기꺼이 감내하는 적극적인 투자국이며, 상업적·국가적 차원의 에너지 확보에 주력하는 강력한 경쟁국이다. 예를 들어 수단의 15대 기업 가운데 13개가 중국 기업이다. 중국은 현재 미국 다음으로 아프리카의 제2위 교역 상대국이고, 브라질은 대(對)아프리카 수입이 2000년과 2008년 사이에 여섯 배 이상으로 증가했다.

이윤을 추구하는 상업 활동과 시혜적인 평화유지 및 재건 원조 사이에 일어날 수 있는 갈등은 아직 신흥 강국들의 주요한 정책논쟁 대상이 아니다. 이는 신흥 강국들 사이에 정책운용이 통합되지 않고 있음을 반영하는 것이다. 평화 활동에 관여하는 인사들과 무역과 투자를 이끄는 인사 간의 접촉이 제한적이다. 상업적인 전략조차도 일반적으로 인식하는 것보다 훨씬 더 일관성이 떨어진다. 투자자금이 정부 또는 국부펀드에서 출연한 것이라도 투자가는 민간 부문 출신인 경우가 종종 있다.

셋째, 국가 취약성을 예방적으로 관리할 경우의 결과에 관해 신흥 강국들은 뿌리 깊이 우려하고 있다. 그들은 인근 국가의 분쟁이 국제화될 것을 걱정하고 있다. 브라질은 아이티 사태의 국제화를 용인했지만 이런 추세가 중남미 여타 지역에서 반복되지 않을까 전전긍긍하고 있다. 그렇지만 분쟁의 국제화에 대한 공포는 국가실패의 파장에 대한 공포와 상쇄된다. 예를 들어 중국은 북한에서 난민이 대거 유입될 것을 걱정하고 있다. 인도는 네팔과 자국의 모택동주의자 간 연계 가능성을 의식하고 있다(이들이 연계되어 있다는 증거는 제한적인데도 신경을 쓰고 있다). 브라질이 염려하는 것은 범죄단체와 국경지역, 특히 통치력이 미치지 못하는 아마존 지역이 결합되는 상황이다.

신흥 강국들은 자국에 전략적 이익이 있는 국가에 서방이 주도적으로 개입함으로써 발생할 의외의 결과에 대해 매우 민감하다. 이것은 아마 가장 중요한 점일 것이다. 그들이 이런 걱정을 하는 이유 일부는 자국의 역사에 뿌리를 두고 있다(인도가 스리랑카에서 겪은 경험, 중국이 베트남에서 겪은 경험 등). 그러나 더 큰 이유는 신흥 강국들이 이라크와 아프가니스탄 사례와 같이 안정된 국가를 세우겠다는 서방 주도의 시도가 실패한 데서 영향을 받고 있다는 사실이다. 이런 개입에 대한 최종 판정(전략을 대폭 변경한 다음 결국 성공하는 경우 대(vs) 실패하고 철수하는 경우)은 신흥 강국들이 향후 개입 요청을 받을 때 얼마나 전향적인 행동을 취할 것인지에 영향을 미칠 만큼 파장이 클 것이다. 신흥 강국들은 자국이 대규모로 개입할 역량을 갖고 있는지에 대해 회의적이며 일방적인 행동을 취하는 데 따른 정치적 비용을 우려하고 있다.

국제이주는 글로벌 시스템에 독특한 도전과제를 제기한다. 사람들이 국경을 넘어 이동하는 것은 출발국가와 도착국가 모두에 심대한 경제적 영향을 미치고 수 세대에 걸쳐 사회를 변모시킨다. 이주는 정의(定義)상 초국가적인 현상이다. 이주는 세계화의 다른 어느 양상보다 더 직접적으로 사람들의 생활에 영향을 미치며, 이주하는 사람뿐 아니라 남아 있는 사람과 도착지 사람들에게도 파급된다. 출발지 사회는 견디기 어려운 비율로 숙련 인력을 상실할 위험이 있으며, 도착지 문화도 이주민들에 의해 크게 재편될 것이다.

이주 수요가 계속 높을 것이 거의 분명하지만 국제 공동체가 현재와 같은 수준의 이주를 계속 관리할 것이라는 보장이 없다. 과거에는 이주에 관한 국제협력이 대체로 취약했다. 이주는 논쟁이 많이 벌어지는 이슈로서 인종 집단 간 갈등을 유발하는 심한 정치적 반작용을 일으킬 수 있다. 각국 정부는 국경 통제권을 국가 주권의 핵심적인 구성요소로 본다. 해외이주 비율이 높은 국가는 글로벌 거버넌스 표준을 강화할 국제적인 지렛대가 거의 없는 편이다.

최상의 경우 이주는 세계인구가 최고 수준에 이르면서 각국이 경험하게 될 상이한 경제적·인구학적 여건을 조화시키는 데 도움이 될 것이다. 최악의 경우 이주는 주로 경제적 성공이 아니라 실패에 의해 추동될 것이며, 국내 및 국제분쟁을 전후해 불안정 요인으로 등장할 것이다. 그리고 20세기 가장 암울한 시기의 특징인 비자발적이고 급격한 인구이동이 재발하면서 역이민까지 발생할 것이다.

현재의 이주 추세

20세기 후반기 이주자 숫자가 가속도로 불어났다. UN 통계에 의하면 2010년 국제이주자는 2억 1,400만 명에 달했는데, 이는 50년 전의 7,500만 명에 비해 크게 늘어난 것이다. (이 수치는 불법으로 입국하거나 체류하는 '비정상 이주자'를 포함하지 않기 때문에 실제보다 낮을 것이다.) 오늘날 이주자의 60%는 선진국에서, 40%는 개도국에서 살고 있다.

세계 전체로 보면, 세계 인구 중 이주자가 차지하는 비율은 그다지 증가하지 않았다. 1960년 세계 인구 중 2.5%가 이주자였다. 이 비율은 1970년대와 1980년대 약간 떨어졌으나 1990년과 2000년에 2.9%로 높아졌으며 2010년에는 3.1%에 달했다.

그러나 세계 전체로 볼 때에는 중요한 패턴이 드러나지 않는다. 다만 일부 지역과 국가에서는 절대적·상대적 기준에서 이주가 급격히 증가했다. 1960년 이주자는 선진국 인구의 3.5%를 차지했으며, 이후 점진적으로 증가하다가 1980년대에 들어 뚜렷하게 가속화되었다. 오늘날에는 선진국에서 생활하는 인구 10명 중 1명 이상이 외국에서 출생했다.

지역적으로 보면 상당한 차이가 있다. 아프리카, 아시아, 중남미는 모두 인구가 급증함에 따라 이주자 비율이 떨어졌다. 북미와 대양주는 인구도 증가하고 이주자 비율도 상당히 증가했다(북미에서 이주자 비율이 1960년 6.4%에서 2010년 14.2%로 늘어났고, 대양주에서는 12.6%에서 16.3%로 늘어났다). 유럽은 인구 증가율은 미미했지만 이주자 비율은 대폭 변했다(1960년의 2.3%에서 2010년에는 9.5%에 달했다).

국가 수준에서 이주 패턴은 점점 더 다양해지고 있다. 일부 전문가에 의하면, 이민 송출국과 접수국으로 나누는 이분법이 퇴색되고 있다. 대부분의 국가가 이민을 내보내기도 하고 받아들이기도 하지만 일부 국가는 이주자의 통과지역으로 중요한 역할을 한다.

10개국이 세계 이주자의 절반 이상을 수용하고 있다. 이주자 5명 중 한 명이 미국에서 살고, 캐나다도 상위 10개국에 든다. 유럽에서는 독일, 프랑스, 영국 및 스페인 4개국이 상위 10개국에 올라 있다. 러시아와 우크라이나도 소련 해체에 따라 상위 10개국에 올라 있다. 아울러 사우디아라비아와 인도가 상위 10개국에 든 것은 신흥 강국들이 이민 접수국으로서 비중이 커지고 있음을 반영한 것이다. 중국은 이민과 거리가 먼 나라다. 약 60만 명의 이주자를 받아들인 것으로 생각되는 중국은 UN에 이주 통계를 제공하지 않는 9개국 중 하나기 때문에 이 수치는 대충 추정한 것에 지나지 않는다.

최근 수년 동안 일부 국가에서 받아들인 이주자 수가 크게 증가했다. 10년 동안 100만 명 이상을 받은 국가가 9개국이다. 그 선두인 미국은 800만 명의 이주자를 받았는데 주로 멕시코 출신이다. 최근 들어 이민을 많이 접수한 국가는 스페인(460만 명)과 이탈리아(230만 명)다. 스페인은 지난 10년 동안 이주민 인구가 매년 26.4% 증가했다. 시리아(130만 명)와 요르단(100만 명)은 이라크에서 난민이 대규모로 유입되었다. 파키스탄의 이주민 인구는 10년 동안 일정 수준을 유지하다가 2005년과 2010년 사이에 난민이 거의 100만 명 증가했다.

EU는 2004년 4월 이후 사람들의 자유로운 이주를 허용한 지역으로서 중요한 사례연구감이다. 현재 유럽 인구 중 2.3%는 출신 국가를 떠나서 살고 있다.

미국은 세계 선두의 이민 접수국으로서 2000~2010년 동안 연평균 100만 명 이상의 이민이 순 유입되었다. 미국 통계청이 내린 전망은 향후 40년 동안 이민 유입이 미국 전체 인구통계에 미칠 누적 영향을 예증하고, 이주가 장기적으로 접수국에 미치는 영향과 이민 2세대와 3세대가 수행하는 역할을 예시한다.

미국에서는 추가적인 이민 유입이 없다고 가정해도 히스패닉(스페인말을 쓰는 라틴아메리카 계 주민— 옮긴이) 인구는 2050년까지 2,500만 명이 증가, 전체 인구 중 20% 이상을 차지할 것이다. 히스패닉 인구가 2025년에는 총인구의 20% 이상, 2050년에는 30% 이상을 차지해 8,000만 명을 넘을 것으로 예측한 전망도 있다.

미국 내 히스패닉 인구는 나라를 젊게 유지하는 데 결정적인 역할을 할 것이다. 대체 수준을 상회할 것으로 예상되는 히스패닉의 높은 출산율(다른 어느 민족이나 인종 집단보다 높다)이 그런 추세를 강화할 것이다. 이와 대조적으로 멕시코는 고령화가 급속도로 진행되어 2035년 이후에는 이웃한 미국보다 더 고령화 사회가 될 것이다.

과거 10년 동안 이민 송출률이 가장 높은 중소득국 가운데 멕시코는 중요한 이주 물결이 두 번 있었는데, 1980년대와 2000년대 모두 인구의 5%가 외국으로 이주했다. 필리핀도 주목 대상인데, 정부가 계획적으로 노등력을 수출하는 정책을 추진, 인구의 약 10%가 해외에 거주하고 그 절반 이상이 임시직으로 일하는 '이주 문화'를 창출했다.

한편 파키스탄은 순 이주가 플러스와 마이너스로 급변하는 양상을 보였는데, 1980년대에는 매년 30만 명에 가까운 이민이 유입되었지만 그 후 20년 동안에는 연평균 26만 5,000명이 해외로 빠져나갔다. 짐바브웨에서도 해외 이주자가 급속도로 늘어났다. 1980년대에는 유입되는 이주자가 더 많았지만 1990년대에는 인구의 4.3%를 상실했으며 2000년과 2010년 사이 인구의 11.2%가 추가로 빠져나갔다.

짐바브웨에서 해외로 이주한 사람들은 대부분 단거리를 이동해 남아공 등 인근 국가로 갔다. 이는 난민이 빈곤국에 집중되는 패턴을 보여주는 것으로서, 세계 난민의 85%가 저개발국에 살고 있다. 난민 행렬이 줄을 잇는 것은 각급 분쟁 등 심각한 사회적 붕괴의 직접적인 결과이다. 냉전 후반기에 난민 수가 급증하는 추세를 보였으나 그 이후에는 국제 평화유지와 중재 덕분에 수많은 내란이 종식되면서 난민 수가 꾸준히 줄었다. 난민의 총숫자는 다소 줄었지만(인구 증가를 감안하면 상당히 준 것임) 일부 국가가 지고 있는 부담은 여전히 상당하다. 난민이 100만 명 이상에 달하는 국가는 3개 국가·지역(요르단, 팔레스타인 점령 지역 및 시리아)이고 이주자의 50% 이상이 난민 지위에 있는 국가는 차드, 이라크, 레바논, 탄자니아 및 잠비아다.

이주는 출신 국가로 상당한 송금이 흘러 들어가는 것과 연관이 있다. 2008년의 경우 송금액이 6,000억 달러 이상에 이른 것으로 추정되었는데, 이 중 3/4이 개도국으로 갔다. 송금액은 여러 해 동안 지속적으로 증가한 이후, 2009년 경제위기 여파로 약간 줄어든 것으로 추정된다. 그렇지만 동아시아와 태평양 지역으로 '송금 붐'이 일어나 그러한 감소세가 완화되었다. 2008년 저소득국의 GDP에서 송금이 5.8%를 차지했다. 특히 타지키스탄은 그 비율이 무려 49.6%, 몰도바는 31.4%, 레바논은 25.1%에 달했다.

이주의 악영향을 보면, 고숙련 인력이 해외로 이민을 가버리면 빈곤국에 심각한 손실을 발생시킬 가능성이 있다. 전문가들의 주장에 의하면, 숙련 인력 유출이 적당한 수준일 때 송금 외에도 해외 이주자가 기술을 향상시켜 귀국하고 사업과 무역 네트워크를 구축하는 등의 효과를 통해 빈곤국도 얼마간 이득을 볼 수 있다. 일부 전문가들이 볼 때, 숙련 노동자 해외이주의 최적 수준은 5~10%이며 15% 문턱을 넘어서면 유해한 효과가 증가한다.

전문가들의 자료에 의하면, 개도국의 60%가 숙련 인력 유출이 10% 문턱을 넘었다. 최빈국 그룹(12.9%), 사하라 이남 아프리카(12.9%), 중미(16.9%), 카리브 해 지역(42.8%) 등은 두뇌 유출이 심각한 수준이다. 군소 개도국이 특히 취약한데, 작은 도서 국가의 경우 숙련자의 42.4%가 해외로 이주한다. 인구가 5백만 명 이상인 9개국(아이티, 가나, 모잠비크, 케냐, 라오스, 우간다, 앙골라, 소말리아 및 엘살바도르)은 숙련 인력의 이주 수준이 30%를 넘었는데, 아이티의 경우 두뇌 유출이 놀랍게도 83.6%에 달한다.

미래의 이주 추세

OECD에 따르면 "미래의 이주 규모와 방향을 예측하기란 불가능한 것은 아니지만 어려운 과제다……. 향후 약 20년 동안 세계 이주 패턴은 여러 가지 강력한 — 경제적·지정학적·사회적·기술적·환경적 — 힘에 의해 형성될 것이다. 이 모든 요인은 상당한 수준의 불확실성을 내포한다". 가용 자료의 품질이 불량하고 깊이 있는 연구가 부족하기 때문에 예측이 한층 더 어렵다.

- 이주하려는 동기는 두 가지 '압박(push)' 요인으로 나뉠 수 있다. 한편으로는 해외에서 기회를 잡겠다는 욕구가 작용하고 다른 한편으로는 국내 위험에 대한 대응 차원에서 이주한다.

- 이주자 수요를 창출하는 1차적인 '견인(pull)' 요인은 접수국에서 노동력이 필요한 것이다. 여기에 제동을 거는 것은 사람들의 자유

로운 국외 이동을 억제하는 정책적 조치이다.

- 이주자의 모국 내 친지관계를 통해 송출국과 접수국을 연결하는 사회적 네트워크는 이주를 장려하고 지속하는 데 도움이 될 수 있다.

- 이주의 경제적·인구학적·정치적 동인(動因)은 일련의 연동된 이주 유인(誘因)을 창출하면서 초국가적 영향을 미친다.

이주자는 주로 부의 격차 때문에 기회를 찾아 나선 만큼, 경제적 동인은 출발국가와 도착국가 양쪽에 강력한 영향을 미친다. 이주에는 비용이 많이 드는데, 특히 불법여행자가 비용을 많이 지불한다. 평균 비용은 아프리카 내 이주 시 200달러가 들고 아시아에서 미주로 가려면 2만 6,000달러가 소요되는 것으로 추정된다. 이렇게 돈을 쓰고 이주해도 그들을 기다리고 있는 것은 불확실성이며 고생살이다(가족·친구와 이별하고 새로 이주한 나라에서 상대적으로 가난한 삶을 살며 차별대우를 받게 되어 있다). 그렇기 때문에 한 나라에서 다른 나라로 이주가 지속되려면 기대편익이 충분히 높아야 한다.

20세기 동안 남부 유럽 국가들과 아일랜드가 경험한 바에 의하면, 임금격차가 30~40%는 있어야 해외이주의 일반적 유인으로 작용한다.

이주와 관련된 미래의 도전

향후 이주를 관리하는 데 따른 도전과제는 지속적으로 국제협력 전망에 큰 영향을 미치겠지만 이 영향이 정확하게 어떤 성격을 띨지는 예상하기 어렵다. 이처럼 상당한 불확실성을 제약으로 안고, 앞으로 이주가 어떻게 전개될지, 그리고 세계 질서에 어떤 영향을 미칠지에 관해 다음과 같은 결론을 도출할 수 있다.

이주는 경제와 사회에 심대한 충격을 준다. 세계화를 논의할 때 상품, 서비스 및 자본의 자유로운 이동에 주목을 많이 한다. 이와 대조적으로 사람의 자유로운 이동은 무시될 때가 많다. 사람의 갑작스런 이동은 국가, 지역 또는 세계 질서가 붕괴되고 있다는 징후일지 모른다. 다수의 취약국가에서 그런 현상이 일어났으며 지역적으로는 20세기 전반기 유럽에서, 그리고 독립 후 인도아대륙에서 그런 일이 벌어졌다.

- 이주가 의미하는 것 때문에 이주 문제가 정책적 주목을 받지 못했다. 제2차 세계대전의 전후 처리에서 이주가 주변적 역할에 그친 것(난민 관리의 새로운 규범을 만들지 못함)은 이 문제가 중요하지 않아서라기보다는 논란을 일으킬 수 있는 성격을 반영한 것이며, 국민국가의 중심적 특권을 위협하기 때문이었다. 각국 정부는 이 문제가 본질적으로 국제적인 성격을 지니고 있지만, 주로 국가 내적인 접근방법을 취했으며, 국가의 엘리트도 국민의 지지를 결여하거나 효과적이지 못한 정책을 채택했다. 이와 대조적으로 무역은 국제협력을 하기에 '좀 더 안전한' 분야로 간주되었다.

이주 수요는 감퇴할 것 같지 않다. 고령화 사회는 노동력을 필요로 하는 반면 저소득 국가는 일자리를 찾는 베이비붐 세대가 늘어나는데도 일자리를 제공할 수 없을 것이다. 세계 인구의 상당 부분이 여전히 이주에 매력을 느낄 정도로 심각한 소득 격차가 지속될 것이다. 가족, 이웃과 친구들이 기존의 이주자를 따라갈 강력한 유인을 가지고 있는 상황,

즉 사회적 네트워크 때문에 이주 물결을 제한하기가 곤란할 것이다. 경제적 혼란과 자원 파동으로 인해 취약국가가 더욱 약화되고 분쟁이 격화된다면, 또는 단순히 세계경제의 불평등이 심화된다면 새로운 이주 물결이 생길 수 있다.

- 이주는 관리하기가 매우 어려운 문제가 될 것이다. 이주가 미치는 파급효과는 누적된다. '기존' 이주자들이 수세대에 걸쳐 사회를 탈바꿈시키기 때문이다. 스페인과 이탈리아처럼 이주의 전통이 없지만 최근에 이주자가 대거 몰려든 국가들은 다양성 증대에 대응해야 할 것이다. 미국조차도 두 개의 매우 상이한 인구변동 궤적을 따라감으로써 제기되는 이슈에 직면할 것이다. 다만 미국이 연령 구조가 젊은 인종 집단의 '인구구조 배당금(demographic dividend: 노동활동 인구가 전체 인구에서 차지하는 비중이 커서 부양 비율이 낮고 인구환경이 경제발전에 유리하여 저축과 투자, 성장이 선순환을 이루는 상황 ─ 옮긴이)'을 나눌 수 있도록 제도적 강점을 활용할 수 있다면 그 잠재적 보상이 상당할 것이다. 일반적으로 이주자들은 원주민보다 위험수준이 높으며 경제성장이 저조하거나 정치적으로 혼란한 시기에는 아주 취약할 것이다. 이주자 중 '비정상' 이주자가 계속해서 상당한 비중을 차지하면서 어쩌면 그 비중도 늘 것이다. 제도가 취약하고 인권 규정이 불충분한 국가에서는 '비정상' 이주자가 그 지위 때문에 더욱 취약하게 된다.

취약국가는 중대한 도전을 많이 맞이할 것이다. 신흥시장은 국내에서 심각한 개발 후유증에 시달리고 있지만 이주자가 대거 몰려들 표적이 될 것이다. 신흥시장의 제도적 힘이 경제력을 따라가지 못하면서 사회가 더욱 다양화됨에 따라 잠재적인 문제가 터지게 될 것이다. 한편 빈곤국들은 대규모 해외이주를 효과적으로 관리한 경험이 별로 없다(필리핀은 예외). 이미 고숙련 노동자의 유출을 감내할 수 없는 상황에 처한 나라도 있으며, 이런 추세는 인재 확보 경쟁이 격화되면서 더 악화될 것이다. 위험회피적 이주자는 가까운 이웃 국가로 이동하는 경향이 있는데, 이러한 흐름은 역시 탄력이 부족한 이웃 국가를 압박해 불안정하게 만들 것이다. 난민을 처리하는 거버넌스 시스템이 과부하로 한계점에 이를 것이다.

이주와 사회적 응집력 사이에는 밀접한 관련이 있을 것이다. 출발국가는 강력한 경제와 사회를 구축하기 위해 충분한 숙련 노동자를 확보하면서 청년 실업과 불완전 고용 수준을 억제하고 해외이주를 관리할 수 있는가? 아니면 국가실패와 분쟁의 결과로, 그리고 자연재난의 피해를 복구할 수 없어서, 사람들이 갑자기 일대 혼란을 일으키며 이주하게 될 것인가? 그런 원인은 모두 두뇌 유출로 사태가 악화된다. 도착국가에서는 새로운 이민을 성공적으로 통합하고, 이민 2세대와 3세대의 요구(needs)에 응하며, 인종 다양성에 대한 대중의 지지가 유지될 것인가? 비고적 자유로운 사람의 이동을 뒷받침하는 이주체제가 국제적으로 형성될 것인가? 아니면 1차적으로 국경 폐쇄에 초점을 맞출 것인가?

- 향후 이주 수요가 있음에도, 현재와 같은 사람들의 이동 추세가 불변이라고 볼 수는 없다. 가장 자유주의적인 이주 체제를 갖춘 EU에서조차 흐름이 역전될 가능성이 있다. 인종의 단층선을 따라 정치적 또는 실제적 분쟁이 발생할 잠재성이 여전히 존재하는데, 그것

은 만약 지금이 세계화의 혼란기로 판명되면 인종 정체성이 강화될 것으로 보이기 때문이다. 차세대 테러리스트 활동은 다인종 사회를 '타파'하기 위한 시도를 계속하는 한편, 초국가적 이주자 네트워크는 분쟁을 연결시키고 국제범죄를 용이하게 할 것이다. 최악의 경우 이주가 붕괴될 수도 있다.

강제 이주의 흐름은 일방통행식으로 되지는 않을 것이다. 설령 2025년까지 세계가 상대적으로 평화를 구가하더라도 적어도 얼마간의 난민이 발생할 것은 분명하며, 자연재해로 인해 사람들이 계속해서 국경을 넘게 될 것이다. 하지만 이주가 정치 문제화됨으로써 이주 집단을 추방하는 사태가 벌어질 가능성이 매우 높다. 정치적 긴장 시기에 이집트, 튀니지, 팔레스타인 및 사하라 이남 국가 시민들을 추방한 리비아 모델을 따르는 국가도 일부 있을 것이다. 이주 집단을 조직적으로 박해하는 극단주의 정치 운동과 구호가 등장함으로써 지역·세계협력이 심각하게 위태로워지고 국제사회의 개입을 요구하는 소리까지 나올 가능성이 있다. 역사적으로 볼 때, 어떤 큰 나라가 붕괴하면 그때가 대단히 위험한 순간이다.

부록 F: 바이오기술의 위협

생물체 거버넌스

현재 국제 거버넌스 체제는 다음과 같은 주요 요소로 구성되어 있다.

- 생물 및 독성 무기 협약(The Biological and Toxin Weapons Convention 1975). 이 협약하에 각 당사국은 "어떠한 경우에도 세균 등 생물학작용제 또는 독소를 개발, 생산, 비축하거나 획득 또는 보유하지 않는다……." 23개국이 이 협약에 가입하지 않았으며 16개국은 가입은 했지만 비준을 하지 않았다. 협약 준수의 감시·이행 수준은 취약한 상태와 존재하지 않는 상태의 중간에 머물러 있다.

- 국제 보건 규칙(International Health Regulations 2005). 이 규칙의 목적은 "국제적인 질병 확산을 예방·방어·통제하고 공중보건 대응 조치를 취하는 것이며, 그 방법은 공중보건에 대한 위험에 상응하고 한정되며 국제 교통과 무역에 대한 불필요한 방해를 피해야 한다." 이 규칙에 따라 각국은 최소한의 공중보건 역량을 개발하고 합의된 기준에 따른 자국 내 공중보건 사건을 세계보건기구(WHO)에 통보할 의무가 있기 때문에 국가 주권을 상당히 침해받는다. WHO는 또한 공중보건 긴급사태에 대한 언론매체와 시민의 보고를 조사할 권한을 가지는 한편, 신종 인플루엔자 대응에 관한 현행 전문가 검토를 통해 외부의 독립적인 정밀조사를 어느 정도 확보한다.

- 세계 질병발생 경보 및 대응 네트워크(The Global Outbreak Alert &

Response Network: GOARN). GOARN은 질병발생의 '조기경보
체제'다. 각국이 GOARN을 준수해야 하지만 2005년 개정을 통해
WHO 또한 GOARN 보고 기준을 준수하는 각국 메커니즘의 품질
을 사전에 평가할 수 있게 되었다. 공중보건 비상사태를 겪고 있는
국가를 지원하기 위해 140개 기관이 함께하는 이 네트워크는 일종
의 효과적인 분산체계의 본보기이다.

- UN총회 결의 100호. UN총회 결의의 내용은 대개 모호하고 묻혀버
  리지만, 이 결의에 의해 UN사무총장은 생물무기 연루 가능성이 의심
  되는 사건을 조사할 권한을 갖고 있다. 그 권한 행사는 자제되었다.

그러나 현행 체제가 '생물학의 세기'에 맞이할 세계적 도전에 적합하
다고 주장하는 사람은 별로 없다. 개도국 권에서 2025년까지 도시 거주
자가 10억 명 추가되어 공중보건 문제가 심화될 것이다. 사람들의 이동
도 증가해 질병이 더 멀리 더 빨리 확산될 것이며, 새로운 질병이 발생
해 통제할 수 없을 가능성도 그만큼 더 높을 것이다.

한편 바이오기술이 민·군 양용으로 쓰일 잠재성이 있기 때문에 기존
및 신규 개발품을 규제하고 통제하는 과제가 극도로 어려워질 것이다.
각국 정부는 다른 정부를 전례 없이 능가하는 역량을 필요로 하기 때문
에 수많은 민간행위자와의 협력이 불가피한 데다, 그 민간행위자 중 다
수는 전통적인 규제를 잘 받아들이지 않을 것이다.

각국 정부가 인식하는 위협은 각양각색이다. 최빈국은 현재 퍼지고
있는 전염병의 영향에 대해 가장 우려하고 있다(그러나 단순하고 지극히
값싼 공중보건 조치를 시행하는 데도 무관심한 경우가 많다). 선진국들은 신

종 질병이나 생물학작용제의 적대적 사용 등 잠재적 위협을 걱정하고 있다. 탄탄한 기존 업체가 별로 없는 부문에 자국의 미래 비교우위가 있을 것으로 기대하는 신흥 강국들은(인도와 중국은 바이오기술에, 브라질은 바이오 연료에 집중 투자하고 있음) 그런 기존 업체가 자국의 자유로운 영업을 제약하는 보호무역주의 수단이라고 여길 것이다. 주권에 대해 전통적인 견해를 갖고 있는 국가들은 국제협력에 저항하는 때가 종종 있을 것이다[중국이 적어도 초기에 사스(SARS)에 대해 보인 태도와 같이].

생물학적 역량의 확산에 따른 위험을 줄이는 데 필요한 조치와 관련하여, 과학계·산업·정부를 아우르는 합의를 도출할 포럼이 아직은 없다. 현재의 공중보건 상황은 과거보다 다소 고무적이다. WHO는 1998년 그로 할렘 브룬틀란(Gro Harlem Brundtland: 1939년생, 노르웨이 총리를 세 차례 역임, 현재 UN 기후변화 특사— 옮긴이)이 사무총장으로 취임하기 이전보다 분명히 더 효과적으로 움직이는 기관이다. 또한 보건은 새로 설립되는 재단의 지속적인 관심 분야이다. 특히 '게이츠부부재단'은 혁신자금 지원 및 '세계백신면역연합'과 같은 공공 - 민간 동반자관계에 중점을 두고 있다.

결국 자원을 효과적으로 배분해서 위협에 대처하지 못하고 있는 것이다. 연구자들이 보기에 "대부분의 과학 자원이 차후에 중요한 신종 병원체가 발생할 가능성이 가장 적은 곳에 집중되어 있다". 공중보건 시스템은 가장 필요한 곳에서 가장 취약한 반면, 보건 연구에 대한 투자는 세계의 질병 부담과 전혀 무관하게 이루어지고 있다. 선진국 공공부문의 유명 기관에 대한 규제 구조는 매우 성가신 반면, 최대의 위협을 제기하는 주변부 행위자는 규제되지 않고 있다. 이는 '연계가 가장 취약한' 공공재인 바이오보안(biosecurity)을 위해 다급한 문제이다 — 전체의 안전성이 가장 힘이 없는 개인의 노력에 지나지 않은 정도이다.

　서방 선진국을 벗어나면 치명적 전염병의 대규모 발생에 대한 대응 기제가 없는 실정이다. 중소득국에서 전염병이 대규모로 발생한다면, 아마도 정부의 대응 역량이 모자라서 환자들이 국제 교통중심지로 확산되는 것을 통제할 수 없을 것이다. 예를 들어 대규모로 몰려든 난민을 수용하고 있는 취약국가에서 치명적인 독극물이 자연적으로 발생하거나 과실 또는 고의로 살포된다면, 인근 국가로 이동하는 인구를 통제할 능력이 거의 없을 것이다. 그런 우발 상황에 대한 국제비상계획이 전무할뿐더러, WHO·GOARN 보고를 UN안전보장이사회, NATO 등 잠재적 대응 기제에 연결시키는 기본 정보체계도 없다. 2005년 WHO에서 UN안전보장이사회에 보고하는 기본적인 기능에 관한 제안이 있었으나 중국이 거부했다.

　이와 유사하게, UN 사무총장은 의심스러운 생물학적 사건을 조사할 권한을 가지고 있지만 그 조사를 수행할 상설 역량이 없다. UN이 이라크에서와 같이 생물학적 사건을 조사하도록 요청받으면, 무(無)에서 시작해 각국 정부와 연구소에서 차출된 사찰단을 조직해야 한다. 사무총장실과 연구소 간 연계를 상설화하려고 노력했지만 신속대응역량을 구축하는 데 별반 성과 없이 실패하고 말았다.

　전문가들은 지금부터 2025년까지 다음과 같은 일이 일어날 것으로 예상한다.

- 위험 수준의 상승. 탄저균, 보툴리누스균과 같은 기존의 생물학작용제는 이미 극도로 심각한 위협을 제기하고 있다(이라크는 1990년대에 탄저균 8,000리터, 보툴리누스균 1만 8,000리터를 보유한 것으로 추정

되었음). 공격 역량을 보유하기 위해 기존의 생명 형태를 개량할 수
있는 능력이 이미 위협을 증대시키고 있는 데다 새로운 제제를 개
발하면 위협이 더욱 커질 것이다.

• 위험의 확산. 바이오기술의 비용이 급락함으로써 해커 집단이 바이
오기술을 입수하게 되는 한편, 전문지식과 어쩌면 물질까지 '유출'
하는 유명 연구소들이 늘어날 것이다.

• 생물학적 공격에 반생산적으로 대응할 위험이 높음. 생물학적 공격
은 그 치명성을 능가하는 심리적 충격을 주기 때문에 민주 정부가
강력하게 대응하도록 심각한 압력을 받는다. 또한 생물무기의 사용
은 은폐가 용이하기 때문에 신속하게 책임 소재를 밝히기가 불가능
하며, 생물학적 공격자는 상당량을 비축함으로써 재공격할 가능성
이 있다. 어느 국가의 대응이 장기전략 목표를 달성하는 데 실패하
는 것은 쉽게 상상할 수 있으며, 잘못된 표적에 대한 보복공격은 현
실적인 (그리고 파멸적인) 가능성이다.

옮긴이 약력

박동철(박안토니오)

서울대학교 국제경제학과를 졸업했다. 한국외국어대학교 외국어연수원을 수료했으며, 미국 오하이오대학교에서 경제학 석사학위를 받았다. 주EU대표부 일등서기관, 이스라엘 및 파키스탄 주재 참사관을 역임했다. 옮긴 책으로는『글로벌 트렌드 2025: 변모된 세계』,『합동작전환경 평가보고서』,『중국과 인도의 전략적 부상』,『정보 분석의 혁신』등이 있다.

박행웅

한국외국어대학교 영어과 및 동 대학원을 졸업했다. 밀라노, 류블리아나 주재 KOTRA 관장 및 KOTRA 정보기획처장, 한국출판협동조합 전무를 역임했다. 옮긴 책으로는『네트워크 사회』,『인터넷 갤럭시』,『디지털경제 2000』,『밀레니엄의 종언』(공역),『네트워크 사회의 도래』(공역),『소용돌이의 한국정치』(공역),『인터넷 원숭이들의 세상』등이 있다.

글로벌 거버넌스 2025

중 대 한 기 로

ⓒ 박동철 · 박행웅, 2011

지은이 • 미국 국가정보위원회(NIC) · EU 안보문제연구소(EUISS)
옮긴이 • 박동철 · 박행웅
펴낸이 • 김종수
펴낸곳 • 도서출판 한울

편집책임 • 김경아
편집 • 김준영

초판 1쇄 인쇄 • 2011년 8월 19일
초판 1쇄 발행 • 2011년 9월 9일

주소(본사) • 413-756 파주시 교하읍 문발리 535-7 302
    (서울사무소) • 121-801 서울시 마포구 공덕동 105-90 서울빌딩 1층
전   화 • 영업 02-326-0095, 편집 031-955-0606, 02-336-6183
팩   스 • 02-333-7543
홈페이지 • www.hanulbooks.co.kr
등   록 • 1980년 3월 13일, 제406-2003-051호

Printed in Korea.
ISBN   978-89-460-4485-2 03340(양장)
ISBN   978-89-460-4479-1 03340(학생판)

* 책값은 겉표지에 표시되어 있습니다.
* 이 도서는 강의를 위한 학생판 교재를 따로 준비했습니다.
  강의 교재로 사용하실 때에는 본사로 연락해주십시오.